干部教育培训绩效

的评估指标、影响因素及优化路径研究

GANBU JIAOYU PEIXUN JIXIAO
DE PINGGU ZHIBIAO YINGXIANG YINSU
JI YOUHUA LUJING YANJIU

◎ 范柏乃　阮连法等　著

ZHEJIANG UNIVERSITY PRESS
浙江大学出版社

图书在版编目（CIP）数据

干部教育培训绩效的评估指标、影响因素及优化路径
研究／范柏乃,阮连法等著. —杭州：浙江大学出版社，
2012.11

ISBN 978-7-308-10685-6

Ⅰ.①干… Ⅱ.①范…②阮… Ⅲ.①干部教育－评
估－研究－中国 Ⅳ.①D630.3

中国版本图书馆 CIP 数据核字（2012）第 236534 号

干部教育培训绩效的评估指标、影响因素及优化路径研究
范柏乃　阮连法等著

责任编辑	樊晓燕	
封面设计	杭州林智广告有限公司	
出版发行	浙江大学出版社	
	（杭州市天目山路 148 号　邮政编码 310007）	
	（网址：http://www.zjupress.com）	
排　　版	杭州中大图文设计有限公司	
印　　刷	杭州日报报业集团盛元印务有限公司	
开　　本	710mm×1000mm　1/16	
印　　张	13.5	
字　　数	207 千	
版 印 次	2012 年 11 月第 1 版　2012 年 11 月第 1 次印刷	
书　　号	ISBN 978-7-308-10685-6	
定　　价	36.00 元	

前　言

　　我们党始终把干部教育培训作为党和国家事业发展全局中的一项重要工作。建立科学的评估指标体系,并对干部教育培训绩效进行科学的测评,对于正确了解和把握我国干部教育培训现状、着力提高干部教育培训效果、进一步完善干部教育培训的体制机制等具有重要意义。本研究由浙江大学干部培训研究中心立项并组织实施,得到了浙江大学继续教育学院的资助。整个研究历时一年,依托全国干部教育培训浙江大学基地,采访了来自全国各地教育培训领域的专家,并对来自云南、广东、山东等地的参训干部进行了实证调研。在研究设计上将理论研究与实证分析、定性研究与定量研究紧密地结合起来;在研究方法上综合运用文献法、深度访谈、问卷调查和统计资料法等多种研究手段;以 SPSS 统计软件为工具,对实证调查结果进行了隶属度分析、相关分析、辨别力分析、因子分析、方差分析和回归分析等,并从理论上进行了概括和提炼。

　　在绪论中,作者从干部队伍在现代化建设中的重要地位入手,探讨了干部教育培训及其评估的重要性,并从理论和实践两个层面分析了本研究的重要意义。同时,阐述了课题的研究方法、研究思路、技术路线与主要内容。

　　从世界范围内选取了一些经典的、影响力深远的培训评估模型,详细介绍了以柯克帕特里克(Kirkpatrick)提出的评估思想和方法为代表的"终结性评价"系列模型,以斯塔弗宾(D. L. Stufflebeam)提出的评估思想和方法为代表的"过程性评价"系列模型以及侧重对培训评估结果进行经济计量分析的培训收益计量系列模型,并通过对三种培训评估模型优缺点的比较分析,阐明了本研究选取柯氏评估模型的原因。

　　第三章选取了东部的江苏省苏州市、中部的湖南省湘潭市、东北的吉林省辽源市、西部的陕西省西安市等四个地区作为案例,对现阶段我国干部教育培训绩效评估的实践进行了总结梳理,为后文建立干部教育培训评估体系和干部教育培训绩效优化提供思路和帮助。

第四章为了客观地评估我国干部教育培训绩效,界定了干部教育培训绩效内涵与外延,遴选了 100 项评价指标作为干部教育培训绩效的理论评估指标,采用隶属度分析、相关分析和辨别力分析等方法对理论评估指标进行了多重的实证筛选,构建了包括反应、学习、行为、结果四个评价模块共 52 项指标的干部教育培训绩效评估指标体系。

第五章为了科学准确地评价当前干部教育培训绩效的现状,以前文建立的干部教育培训绩效评估指标体系,运用模糊层次分析法确定绩效评估指标体系各个评估维度和各个评估指标的权重系数。以到全国干部教育培训浙江大学基地参加培训的干部为研究样本,对干部教育培训绩效水平进行了实际测度,并分别对反应、学习、行为、结果四个层次的培训绩效做了详细的比较分析。

在文献调研的基础上,分析了干部教育培训机构宏观管理、干部教育培训组织管理、干部教育培训项目设计以及干部个体特征等四个维度对干部教育培训绩效的影响,探寻了干部教育培训绩效引起差异的原因。在全国干部教育培训浙江大学基地,选择若干个干部教育培训班为实证调查对象,采用因子分析法提取影响干部教育培训绩效的主要因素,并以提取的主要影响为自变量,以干部教育培训绩效为因变量建立多元线性回归模型,以求更有效地揭示不同影响因素的影响路径和影响强度。

根据干部教育培训绩效及其影响因素的实际测评结果,结合国内外干部教育培训绩效评估建设的有益经验,从我国的干部教育培训的实际情况入手,分别从干部教育培训机构宏观管理、干部教育培训组织管理科学化、干部教育培训项目优化等角度提出了我国干部教育培训绩效的优化路径。

对全书的主要研究成果进行了扼要概括,总结归纳了本研究的特色和创新点,分析了研究存在的不足之处,并探讨了值得进一步研究的若干问题。

本研究是在浙江大学党委副书记、全国干部教育培训浙江大学基地主任邹晓东,浙江大学继续教育学院院长阮连法,副院长童晓明、郭常平、周兆农,以及浙江大学干部培训研究中心副主任陈萃光、秘书长陈莉华等老师的精心指导和大力协助下完成的。参与课题研究的核心成员有范柏乃、阮连法、吴义群、陈玉龙、张卓等。在问卷调查过程中得到了全国干部教育培训浙江大学基地 30 余个培训班级学员的鼎力支持,海南省定安县组织部李映旭部长、万宁市组织部李东屿部长、海口市委党史研究室田润宇主任、海南省科技厅李海璇处长、江西省委组织部陈峰处长、南昌市委组织部熊俊处长等,对干部教育培训绩效测评问卷的修订和完善提出了非常宝贵的意见。在研究设计、问卷形成、现场访谈、资料采集、数据分析和书稿撰写等过程中,叶伟巍、赵志强、段忠贤、胡超君、楼晓靖、汪基强、张维维、邵青、龙海波、高小丽、闫伟、朱阳红、谢运、郑启军、金洁等 20 余位老师和研究生参与了讨论,并贡献了自己的观点。浙江大学干部培训研究中心陈莉华和潘靖之为本课题的实施和最终完成做了大量细致的工作。浙江大学出版社编辑樊晓燕为本书的出版付出了辛勤的劳动。在此作者一并表示真诚的谢意!

由于时间仓促,课题组成员的知识和能力所限,本书会有许多不足和缺陷,恳请广大读者和同行提出批评建议。

作　者
2012 年 6 月 6 日于求是园

目　录

第一章　绪　论

　　世界科技日新月异,信息革命迅速推进,经济全球化趋势不断加强,社会现实和人的观念都发生了很大的变化,这种变化不仅对公共社会秩序提出严峻的挑战,也对公共部门管理能力和干部素质提出了新的要求。干部教育培训成为推动干部学习、提升国家竞争力、获取政府生产力的主要源泉。随着大规模干部教育培训的开展,干部教育培训绩效评估工作也越来越成为各级政府关注的议题之一。作为干部教育培训工作的重要环节,对干部教育培训绩效评估的研究有助于加强培训管理,检验培训效果,对干部教育培训绩效的提升有着十分重要的意义。

第一节　研究背景

一、高素质的干部是现代化建设重要的人力保障

　　“干部”是一个外来词,源于法语 CARE 的日语意译。日语中的干部原意是指在公司、团体中居于要位且系事业活动的中心人物。汉语中,“干部”一词用法较多,使用范围也相当广泛,内容不太明确。就目前我国干部队伍的从业状况和工作性质而言,干部的概念实际上有广义和狭义之分。广义上看,干部大体可分成三大类,即党政干部(包括党政机关、群众团体等)、企业、事业单位中的管理人员和专业技术人员。狭义上看,干部主要指的是国家公职人员中从事公共管理的群体,主要是党政干部以及事业单位人员。本文的研究对象为狭义上的干部。

　　各级干部历来是革命和建设的带头人和骨干力量,是国家和社会的

中坚。毛泽东同志讲:"政治路线确定之后,干部就是决定的因素。因此,有计划地培养大批的新干部,就是我们的战斗任务。"[1]在长期的实践过程中,逐渐形成了较为系统的干部教育培训原则、干部教育培训体制、干部教育培训的内容及方法等,为党的干部教育培训事业奠定了理论和实践基础。在毛泽东干部教育思想的基础上,结合改革开放对干部素质的要求,邓小平同志指出:"中国的事情能不能办好,社会主义和改革开放能不能坚持,经济能不能快一点发展起来,国家能不能长治久安,从一定意义上说,关键在人。"[2]"中国要出问题,还是出在共产党内部。对这个问题要清醒,要注意培养人,要按照'革命化、年轻化、知识化、专业化'的标准,选拔德才兼备的人进班子。我们说党的基本路线要管一百年,要长治久安,就要靠这一条。真正关系到大局的是这个事。"[2]江泽民同志在中国共产党成立七十八周年之际,指出完成党的各项任务主要靠三条:"一是正确的理论和路线的指导;二是广大人民群众的团结奋斗;三是党的各级组织坚强有力。这三条中,干部是一个重要的决定因素。"这是因为,正确的路线和政策要靠干部去贯彻落实,人民群众要靠干部去组织动员,党内和社会上存在的影响力、凝聚力、战斗力的问题要靠干部去研究和解决。2005年3月,胡锦涛总书记在给中国井冈山干部学院、中国浦东干部学院、中国延安干部学院建成的贺信中也指出:"实现全面建设小康社会的宏伟目标,不断开创中国特色社会主义事业新局面,迫切要求我们大规模培训干部,大幅度提高干部素质。"不同的历史时期,我党培养和造就了一批又一批、一代又一代适应革命、现代化建设和社会改革需要的领导骨干和干部队伍,各级干部在党的事业和国家治理过程中都发挥了重要作用。

现阶段我国改革开放和现代化建设已进入关键时期,要全面贯彻落实科学发展观,实现经济社会全面协调可持续发展,关键点在于各级领导干部,在于不断提高他们的素质和能力。一方面,各级干部的素质和能力直接影响政府公共管理的理念和方式,不同水平的干部对公共政策的理解能力将直接影响公共政策的施行。另一方面,干部的素质和能力将直接影响公众对政府的信任程度。如果他们服务意识强、通晓政策、执行力强和服务能力高,他们在公共服务管理与供给过程中就会赢得公民信任与合作,从而提高公众对政府公共服务供给的合法性认同,进而提高政府公共服务供给效率和供给能力。[3]由此可见,高素质的干部队伍对于建立一个服务型、法治型、创新型政府有着十分重要的意义。

二、高绩效的干部教育培训是提升干部教育水平的关键

21世纪,人类社会正经历着一场以全球化、信息化、网络化和知识驱动为基本特征的全新革命。科学技术的迅速发展,信息与知识的急剧增长,知识更新的周期缩短,创新的频率加快,对人类自身素质提出更高的要求。诺贝尔经济学奖获得者舒尔茨在其著名的人力资本理论中指出,人的知识、能力、健康等人力资本的提高对经济增长的作用和贡献远比实物资本、劳动力数量的增长重要得多。[4]强化人力资本、提高人力资本的效率已成为知识经济时代一种必然趋势,并随着国际竞争加剧而显得日愈迫切。

一般来说,人力资本是需要不断地进行教育培训才能获得提高。培训作为一种生产性投资,能使隐藏在人体内部的能力得以增长,并能直接贡献于组织生产力的提高,其潜力是巨大的。这种投资比物质投资会带来更多的利润,具有更大、更长期的经济和社会效益。例如,美国1900—1957年57年间,培训投资增长速度远远超过物质资本投资增长速度,其所获利润结果为物质资本投资所赚回的利润增长了3.5倍,同时教育培训投资增加的利润则达到17.5倍。从世界范围来看,有资料表明,第二次世界大战以来,由于人力资源开发、培训投资增长,经济增长的比例占到国民经济增长总额的41%,有的国家甚至达到60%以上。美国培训与发展协会在关于人类绩效行为调查报告(Human Performance Practice Survey,HPPS)中称,对540家超过50名员工的企业进行的随机抽样调查的结果显示,约有550亿美元花费在正式的员工培训中。[5]另一项调查通过区分在市场中处于"前沿位置"的企业(所谓"前沿企业"即是在各方面具有竞争力的"在美国最适合工作的企业")和一般企业,在500家公司中选取了32家"前沿企业",对比分析了这些"前沿企业"和一般企业中人均培训费用和培训金额占薪水的比例数据,结果显示(如表1.1所示),"前沿企业"更加注重把培训作为促进员工进步和组织发展的一种方式。由此可见,培训已成为人力资本投资的重要内容,在个人发展及组织核心竞争力构建过程中扮演极为重要的角色。

表 1.1　工作组织的培训费用

工作组织	培训费用占员工 工资总额的比重	每个员工的 培训费用
前沿的公司（$N=32$）	4.39%	1956 美元
所有调查的公司（$N=500$）	1.81%	649 美元

资料来源：Bassi L J，Van buren M E．Sharpening the Leading Edge．Training and Development Journal，1999，53（1）：23-33．Copyright 1999 by American Society for Training and Development，Inc．Reprinted by Permission．

公共部门在社会管理过程中处于核心地位，可以说整个公共部门的人力资源是国家人力资源的重要组成部分。随着人才竞争逐渐成为国家间经济、科技、教育和社会发展全面竞争的关键，干部的能力素质成为国家在国际竞争中占据优势的重要保障。政府公职人员是政府所有行为的执行者，政府的效率体现在其组织成员的效率，组织成员效率则体现在干部本身素质，而干部素质则取决于对干部的教育培训。

从国外的情况看，英、美、法、日、德等西方发达国家和地区都普遍重视公职人员的培训。日本认为培训人才是一种"能力开发"，是对"头脑资源"的开发，没有这方面的投资，新技术、新设备的投资就不能发挥应有的作用。以法国为例，自 20 世纪 60 年代开始法国就高度重视公务员培训，经过长时间的努力，建立了相当完备的培训体系。不仅在关于培训的法律中明确规定，每个部门必须拿出工资额的 1.1% 作为培训费，除此之外，法国总理每年还要重新划拨培训费，公务总局还另外拿出 3000 万至 4000 万法郎用于部际培训。而且，政府各部门人事司都设有培训科、处，负责公职人员的立法、计划和指导协调。在培训实施方面，法国建立了包含国家行政学院（ENA）、巴黎综合工科大学、国际公共行政管理学院、5 所地方行政学院、70 所专门技术学院、28 个培训中心在内的从中央到地方、涵盖各种专业的完备的公职人员培训网络。法国每年会有 55% 的公职人员参加培训，培训时间长短不一，平均每次 6 天，3 年每人轮训一次，个人培训绩效结果与其升职、加薪紧密联系。再如美国，自 1958 年以来联邦政府每年平均选送 2000 多名联邦雇员到哈佛等名牌大学进修。同时美国还有 300 多个公共管理研究机构对政府工作人员进行不同形式的培训。[6]

我国正处于经济社会转型期，经济社会快速发展促使群众利益诉求呈现差异化、多样化的特征,利益矛盾日渐突出。转型期复杂的国内外环境要求政府处理问题、解决矛盾的能力进一步提高,对政府公职人员的素质要求也进一步提高。但是就目前情况来看,我国"公务员这支队伍的素质和水平有待提高。第一,从学历水平来看,目前我国公务员队伍中具有本科学历的比例只有9%,具有研究生学历的只有0.9%。而我国大中型企业的管理人员中,80%具有本科以上学历,远远超过公务员同等学力的比例。第二,从公务员专业化程度来看,现状也不理想,有不少具有研究生学历的公务员,学历虽然很高,但与政府管理相关的公共管理专业不相干。而更多的是,相当数量的公务员大学或研究生毕业后,就几乎再没有受过公共管理方面的教育和培训。[7]

改革开放以来,我们党始终把干部教育培训作为党和国家事业发展全局中的一项重要工作,近几十年来,各级党委和政府高度重视,广大干部积极参与,在干部教育培训上的财政投入力度不断增大。迄今为止,初步形成以党校、行政学院、干部学院为主阵地,以高校基地、境外培训机构为补充的开放的干部教育培训框架体系,培训的力度和规模也在不断加大。在干部教育培训的内容方式、体制机制上不断创新,涌现出一批富有生机活力的好经验、新做法。如天津的"2+X+Y"设置模式,其中"2"是指马克思主义中国化的最新理论成果和党性教育,为必修内容;"X"是指满足不同地区不同部门科学发展对干部履职能力素质要求的内容,自主选择主修;"Y"是指适应干部健康成长、拓宽知识面的个性化内容,自主辅修。将组织需求、岗位履职需求和干部个性需求结合起来,激活了天津的干部培训。而这一探索,正是近年来全国各地各部门以改革创新精神推进干部教育培训的一个生动写照。在运行机制改革上,陕西省以"四步法"和"菜单式"选学改变供需不对称现象,力求实效。培训立项前先调研分析培训需求,培训实施前以需求为导向优化培训方案,培训实施中推行"菜单式"选学并跟踪评估培训效果,培训实施后保持经常联系,干部教育培训绩效得到快速提升。

三、干部教育培训绩效评估是干部教育培训的必要流程

《2010—2020年干部教育培训改革纲要》明确指出:各级政府要将干部教育培训经费列入年度财政预算,随着财政收入的逐步增长,保证干部

教育培训工作的需要。建立健全以财政投入为主体、社会投入和个人出资相结合的干部教育培训经费投入机制。党的十六大以来,我国干部教育培训事业进入了一个大发展时期。据统计,2008—2011 年间,"一校五院"(即中央党校、国家行政学院、中国浦东干部学院、中国井冈山干部学院、中国延安干部学院、中国大连高级经理学院)党政干部培养人数从每年 15117 人升至每年 70739 人(如表 1.2 所示),翻了两番左右。

表 1.2　2008—2011 年"一校五院"党政干部培养人数统计

年　份 类　别		2008 年	2009 年	2010 年	2011 年	合　计
党政 干部	省部级	793	647	890	769	3099
	厅局级	5505	6445	9986	9305	31241
	县处级	8819	7835	10121	9624	36399
	合　计	15117	14927	20997	19698	70739

资料来源:中国共产党新闻网关于"百般红紫竞芳菲——'一校五院'相关负责人谈干部教育培训"的报道。

大规模干部教育培训人数的增长显示我国干部教育培训事业发展迅速,但现阶段,各级政府面临的一个紧迫而又现实的问题是,投入大量人力、物力、财力进行的干部教育培训项目是否真正达到了培训绩效。如何对干部教育培训绩效进行科学评估,如何提高干部教育培训效果,如何有效地降低培训成本,如何使干部教育培训工作真正达到预期的目的成为摆在各级政府面前的重要问题。

2003 年人事部发布《关于进一步加强国家公务员培训质量评估工作的意见》,明确指出开展国家公务员培训质量评估工作是大规模开展公务员培训的一项基础性工作;是转变培训管理职能,加强培训管理,检验培训效果,提高培训质量的重要保障措施;也是规范培训施教机构办学,提高办学质量和办学水平的重要手段。开展干部教育培训质量评估工作既有利于提高干部队伍的整体素质,也有利于不断完善和改进干部教育培训工作,使干部教育培训工作规范化、制度化和科学化。经验告诉我们,如果没有考核和评价,管理手段就会失效,预定目标就不能实现。对政府实施的干部教育培训项目进行效果评估,有助于政府树立成本意识,有助于扭转培训目标错位的现象,是提高培训质量的有效途径,也是提高培训体系有效性的基础工作。[8]

　　干部教育培训活动是一个完整的流程,对培训效果进行评估是培训工作不可缺少的步骤,也是最重要的一个环节。如图 1.1 所示,完整的干部教育培训工作包括培训需求分析、甄选培训者、培训计划、培训方法选择、培训教材与师资开发、培训活动组织实施以及培训活动效果评估和培训结果反馈。传统意义上的培训效果评估显然是针对培训实施效果这一环节的,但一个完整、有效的培训效果评估应该贯穿于培训活动全过程。因此,本课题组认为,干部教育培训评估应包含两方面内容,即过程评估和结果评估相结合。过程评估是指根据各个阶段不同的评估重点,采用相对应的科学方法对培训需求分析、培训教材与师资开发、培训活动组织实施等环节的评估。结果评估是指相关组织采用科学的方法,对参加过培训的公务员的职业能力进行测评,并对培训后给政府、社会带来的影响进行审查。

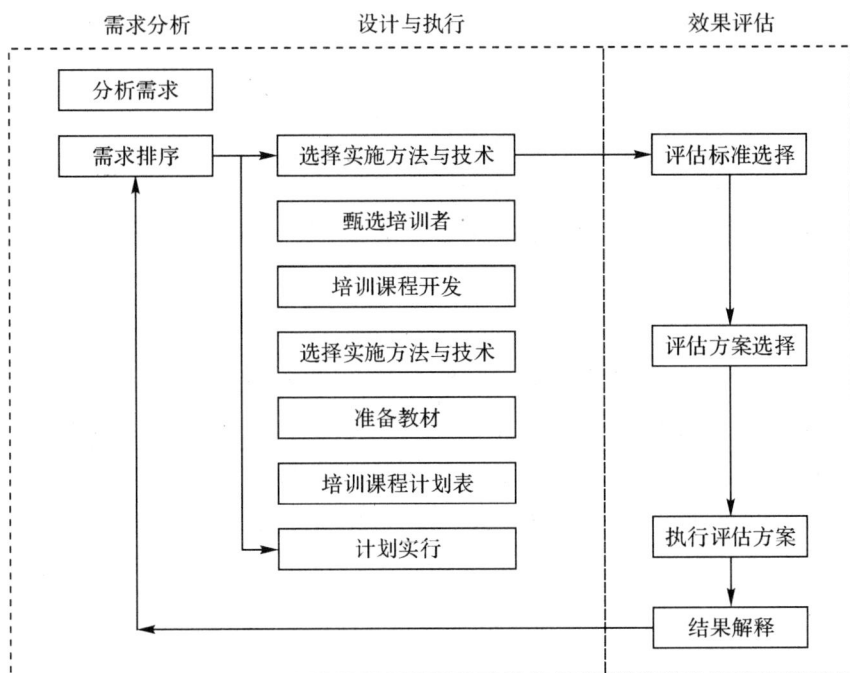

图 1.1　人力资源培训实施过程模型

　　资料来源:Desimone, Harris. Human Resource Development. Harcourt College Publishers,2002:24.

近年来,国内一些学者对干部教育培训绩效评估问题作了一些理论研究和实践探索。但迄今为止,我国还缺乏一整套科学有效的干部教育培训绩效的评估指标和评估方法。与国外成熟的绩效评价体系相比,目前干部教育绩效评估工作还处于初级阶段,现行的干部教育培训绩效评估还存在着显著的缺陷,主要体现在以下六个方面:

第一,评价指标不完善。现行的干部教育培训绩效评价指标选取的随意性和主观性较强,缺乏科学性和规范性,没有准确地反映干部教育培训的实质内容和干部教育培训绩效的内涵。一般而言,完整的培训绩效评估应包含四个方面,即反应层评估、学习层评估、行为层评估和结果层评估。现行的干部教育培训评估指标大多集中在反应层和学习层的考核,而对培训结束后学员行为改变及是否为组织带来绩效改进都缺乏相应的评估。很明显,这种评估过程是十分不完整的,对干部教育培训项目的优化并不能产生多大作用。

第二,计量方法不科学。现行的干部教育培训绩效评价没有充分利用现代统计学和管理学的研究成果,评价结果通常采用算术求和与加权平均求和的简单方法,而较少采用相关分析、因子分析、层次分析等计量分析方法,导致评价结果不科学。而且评估量表也是评估方根据自己的主观经验所制,没有经过问卷调查以及相关的数据分析过程,使得量表缺乏足够的信度和效度,导致测评结果不准确。

第三,评价主体单一。现行的干部教育培训绩效评价要么以培训机构为主,要么以上级领导对参与培训人员的评价为主,有的培训项目甚至没有绩效测评这一环节,更不用说自身评价、同行评价、专业机构评价、新闻媒体评价、服务对象(顾客)评价和社会公众等社会性评价了。

第四,评价操作程序不规范。其他发达国家的绩效评价通常都是按照一定程序进行的,而且在法律上也有明确的规定,而现行的干部教育培训绩效评价程序随意性较强,缺乏规范化,而且评价过程具有封闭性、神秘性,缺乏媒体和社会公众监督,因而评价结果很难做到客观、公正,很难做到取信于社会公众。

第五,评价结果运用不充分。评价与结果使用脱节,很多基层干部教育培训绩效评价活动流于形式,"评价结果不用"或"要用才评价"的现象十分普遍,评价结果的使用不规范,不稳定,没有把评价结果与干部奖惩、升降紧密地结合起来。

第六,干部教育培训绩效评价缺乏制度化。现行的干部教育培训绩效评价活动多处于自发状态,缺乏相应的制度和法律支持和保障,目前干部教育培训绩效评价还是一个短期行为,没有制度化、规范化和定期化。

在这样的背景下,本课题提出运用科学的数据搜集和分析方法建立一套完善的干部教育培训绩效评估指标,在实证调查的基础上分析干部教育培训绩效差异性的原因,并提出干部教育培训绩效优化路径的议题,具有十分重要意义。

第二节　研究的意义

在 2002 年 12 月全国组织工作会议上,中央提出要树立大教育、大培训的观念,放开视野看教育,集中力量抓培训,不断提高干部的科学判断形势的能力、驾驭市场经济的能力、应对复杂局面的能力、依法行政的能力和总揽全局的能力,全面提高干部队伍的整体素质,不断增强党组织的创造力、凝聚力和战斗力,为全面建设小康社会提供有力的人才保证。2004 年 9 月,党的十六届四中全会通过了《中共中央关于加强党的执政能力建设的决定》,要求"围绕增强执政意识、提高执政能力,创新培训方法,提高培训质量,大规模培训干部"。2006 年 3 月,胡锦涛就加强干部教育培训工作做出重要指示:现在我国改革开放和现代化建设已经进入关键时期,要全面贯彻落实科学发展观,实现经济社会全面协调可持续发展,关键在于各级领导干部,在于不断提高他们的素质和能力。这对干部教育培训工作提出了新的更高的要求。

干部教育培训是建设高素质干部队伍的先导性、基础性、战略性工程,是加强党的执政能力建设和先进性建设的重要途径,是推动经济社会实现科学发展的重要保证,在建设和发展中国特色社会主义事业中具有不可替代的地位和作用。干部教育培训绩效评估工作是确保干部教育培训能高效、高质完成的重要保障,对它的研究具有重要的理论和实践意义。

一、理论意义

1.进一步明确了干部教育培训绩效的概念内涵及构成要素

课题组在广泛的文献阅读基础上,将美国柯氏评估模型中关于培训绩效测评的思路引入公共部门干部教育培训绩效评估中,指出干部教育培训绩效不仅包含反应、学习两个层次,同时还包含行为、结果这两个更高层次的评估维度;指出培训效果的评估是整个干部教育培训工作中承上启下的关键环节,它既是上一次培训工作的总结,又是下一次培训工作的基点;在概念内涵上对我国干部教育培训绩效评估研究进行了拓展;同时运用问卷调查法,构建了我国干部教育培训绩效评估指标体系,实现了干部教育培训绩效概念的可操作化测评,有利于干部教育培训绩效测评理论研究工作的深化发展。

2.进一步深化对干部教育培训绩效影响因素的认识

课题组在广泛的文献阅读和专家咨询的基础上,运用定量分析方法(因子分析、多元回归分析等),从国家宏观层面的干部教育培训机构资质认定、干部教育培训机构考核激励、干部教育法律保障体系;中观层面的干部教育培训支持力度、培训规划科学化程度、参训学员选培、考核、激励机制完善程度,以及实施培训机构微观层面的培训师资、培训内容、培训方法、教务管理与服务等维度对我国干部教育培训绩效结果差异化进行了实证分析,有助于从另一个更科学的角度考察我国干部教育培训工作。

3.进一步拓展了我国干部教育培训绩效评估研究方法

现阶段对于培训绩效评估的研究大多集中在企业领域,而对公共部门人力资源培训绩效的研究则寥寥无几,而且大多是以定性的方法对干部教育培训的意义、培训内容及方法进行探索,很少有对我国干部教育培训绩效指标设定和实证测评这一块进行研究。本课题运用隶属度分析、相关分析、鉴别力分析对我国干部教育培训绩效评估指标进行实证筛选,采用模糊层次分析、方差分析、因子分析及回归分析对我国干部教育培训现状及影响因素进行了研究。这些实证分析方法的使用,对我国干部教育培训绩效评估理论研究的进一步拓展提供了方法论上的重要参考。

二、实践意义

1.为我国干部教育绩效评估提供具有较强前瞻性和可操作性的评估工具

课题组严格按照问卷编制法,根据对到浙江大学干部教育培训基地参与培训的党政官员的培训绩效进行实际测度,建立了具有较高信度和效度的干部教育培训绩效评估的指标体系。可以说这是现阶段第一份较为科学、完善的干部教育培训绩效评估指标体系,对有关部门全面评估培训人员能力改进、素质提升,特别是在判断学员是否能将学到的技能知识运用到工作中、培训是否达到组织目标、是否促进了组织绩效改进等问题上具有较强的操作价值。

2.为研究制定提高干部教育培训绩效的优化方案提供依据

课题组在广泛的文献阅读和专家咨询的基础上,从培训机构宏观管理、培训组织管理、培训项目设计、培训个体特征等四个层面对我国干部教育培训绩效的影响因素进行总结概括,并运用因子分析和回归分析,探寻影响干部教育培训绩效的关键因素,考察这些关键因素对干部教育培训绩效的影响强度、影响方向和影响路径。根据我国干部教育培训绩效的实际评估结果,紧密结合影响干部教育培训绩效的关键因素,提出了提高干部教育培训绩效的优化方案。政府部门和培训机构可以在明确自身组织需求的基础上,参考本课题组提出的干部教育培训绩效影响因素,对干部教育培训项目进行相应的改进提高。

3.为引导我国干部教育培训绩效评估工作走向科学化、规范化提供新思路

在评估指标内容完善度方面,以往的干部教育培训绩效评估工作大多只涉及反应、学习、行为、结果四个评估层次中的前两个层次,后两个评

估环节的缺失导致无法对干部教育培训项目是否真正实现其绩效目标这一关键问题进行科学有效的评估。有效考核的缺失直接导致现阶段很多干部教育培训项目沦为公职人员出差旅游、交朋结友的机会。所以,课题组在评估指标设定方面,不仅增加了后两个绩效层次的测度,还采用了隶属度分析、相关分析、鉴别力分析、问卷信度效度检验等方法对指标进行实证筛选。这些科学方法的使用为今后的干部教育培训绩效评估工作提供了很好的发展思路,说明评估指标的获取不能单纯地依靠主观经验,而要经过科学、合理的实证调查阶段才能保证评估指标的有效性,才能真正对参训人员实现激励。

第三节　研究方法

研究方法是人们解决科学问题时所采取的一些基本手段、途径和规则,任何一项研究都离不开方法的支撑。公共管理学理论研究方法是公共管理学发展的前提条件,是连接公共管理学理论与实践的桥梁和中介。现代科学的发展呈现出一个相互融合、相互渗透、相互影响的趋势,其中一个突出的表现就是研究方法的相互借鉴。方法的创新经常会带来研究的重大进展。研究方法的多寡优劣及其应用水平,直接影响着科学研究的效果、效率、效能。各种不同的方法既有其优点,也有它的不足之处,本课题采用多种研究方法对我国干部教育培训绩效的概念内涵、评估指标、实际测量及影响因素进行研究,从多个角度来对我国干部教育培训绩效评估工作进行全面的研究,以期能得到科学的结论。

一、资料收集方法

1. 文献调研(documentation method)

在课题研究过程中,课题组通过浙江大学购买的期刊数据库、图书馆文献等途径查阅了大量关于干部教育培训的文献资料,通过对国内外现行的干部教育培训绩效评价指标的理论遴选、评价模型和评价方法等问题进行系统的文献调研和比较分析,总结国内外干部教育培训绩效评估研究的进展和不足,为本研究提供参考。

2.深度访谈(in-depth interview)

深度访谈是一种无结构的、直接的、一对一的访问形式。访问过程中,由掌握高级访谈技巧的调查员对调查对象进行深入的访问,用以揭示对某一问题的潜在动机、态度和情感,其最常应用于探测性调查。课题组针对干部教育培训绩效的概念内涵、培训绩效评估指标、培训绩效影响因素、优化和完善我国干部教育培训绩效的相关策略等关键性问题,有选择地邀请相关领域内的专家进行深度访谈,旨在了解专家对于干部教育培训绩效内涵及要素构成、干部教育绩效测评指标及其影响因素的总体看法及基本判断,为本课题研究提供了丰富的研究资料。

3.问卷调查(questionnaire survey)。

课题组严格按照量表编制的理论、方法与程序,编制《干部教育培训绩效实证调查问卷》和《干部教育培训绩效的影响因素》两份问卷进行问卷调查,通过这两份具有较高信度和效度的问卷调查表的编制,对干部教育培训相关信息进行数据采集。

4.专家咨询法(expert consultation)

课题组将理论遴选的我国干部教育培训绩效评估指标制成简明的专家咨询表,针对干部教育培训绩效的概念、测度指标选取、影响因素指标选取以及优化路径选择等重要问题选择了相关领域的专家进行专家咨询。在研究过程中,课题组多次组织干部教育领域的专家召开会议,对主要问题进行相互讨论,在集思广益的基础上得出比较全面的结论,从而保障了本研究的科学性、现实性和可操作性。

二、资料分析方法

1.隶属度分析(the analysis of membership degree)

根据隶属度分析结果,淘汰隶属度较低的评估指标,可极大地改善评估指标的质量,增强评估指标的科学性和合理性。在全国范围内对参与干部教育培训的公职人员进行调查,根据专家调查结果,对理论评估指标进行隶属度分析,淘汰隶属度相对较低(多数专家认为不好)的评估指标,保留隶属度相对较高的评估指标,构成干部教育培训绩效的第二轮评估指标。

2. 相关分析(correlation analysis)

在干部教育培训绩效第二轮评估指标中,一些评估指标可能存在着高度的相关性,这种高度的相关性会导致被评估对象信息的过度重复使用,从而降低评估结果的科学性和合理性。相关分析是通过对评估指标之间的相关性分析,淘汰一些隶属度偏低而与其他评估指标高度相关的指标,以降低评估指标重复反映评估对象信息而带来的对评估结果的影响。采用分层随机取样法(stratified random sampling),在浙江大学继续教育学院选择若干个干部教育培训班进行实证调查,通过实证调查采集获得干部教育培训绩效第二轮评估指标中各个评估指标的相关数据,运用 SPSS 18.0 软件包进行相关分析,淘汰一些隶属度偏低而与其他评估指标高度相关的评估指标,保留其余评估指标构成干部教育培训绩效的第三轮评估指标。

3. 辨别力分析(discrimination analysis)

辨别力分析可以识别不同的干部教育培训班绩效高低的能力。如果所有被评估的干部教育培训班在某个评估指标上几乎一致地呈现很高(或很低)的得分,则可以认为这个评估指标几乎没有辨别力,不能识别出不同的干部教育培训班绩效的高低;相反,如果被评估的干部教育培训班在某个评估指标上的得分出现明显的不同,则表明这个评估指标具有较高的鉴别力,它能够识别出不同的干部教育培训班绩效的高低。运用 SPSS 18.0 对干部教育培训绩效的第三轮评估指标进行方差分析,并计算得到第三轮评估指标中各个评估指标的变差系数,淘汰变差系数相对较小(辨别力较低)的评估指标,保留变差系数相对较高(辨别力较高)的评估指标,构成干部教育培训绩效的第四轮评估指标。

4. 模糊层次分析法（Fuzzy Analytic Hierarchy Process，FAHP）

FAHP方法的基本思路是把复杂问题中各种因素通过划分相互联系的有序层次使之条理化，并根据对一定客观现实的判断就每一层次的相对重要性给予定量表示，最后利用数学方法确定表达每一层次的全部元素相对重要性次序的权值，通过对排序结果的分析来解决问题。课题组聘请相关领域的专家，研究确定干部教育培训绩效的第四轮评估指标中的各个评估维度和各个具体评估指标的权重系数。

5. 描述性统计分析（Descriptive Statistical Analysis，DSA）

运用SPSS 18.0数据分析软件，考察浙江大学继续教育学院干部教育培训绩效的总体水平（集中趋势）及差异水平（离散趋势）。

6. 方差分析（Analysis of Variance，ANOV）

干部教育培训绩效是一个复杂的概念要素，绩效水平的差异是由多种因素引起的，其中往往有许多因素互相制约又互相依存。方差分析的目的是通过数据分析找出对该事物有显著影响的因素、各因素之间的交互作用以及显著影响因素的最佳水平等。本研究以SPSS 18.0统计软件为工具，对不同条件的干部教育培训绩效进行了方差分析。

7. 因子分析法

因子分析旨在利用降维的思想，把多指标转化为少数几个综合指标。本研究运用因子分析法对影响干部教育培训绩效的因素进行降维，以对第二轮专家会议后得到的干部教育培训绩效影响因素的分类进行实证的检验和分析。

8. 多元回归法

课题组采用多元回归法分析干部教育培训绩效影响因素对培训绩效的影响力，并构建相关的多元回归分析模型。

第四节　研究框架

本课题致力于我国干部教育培训绩效评估指标体系的构建,从宏观、中观、微观三个层面探索干部教育培训绩效的影响因素,并就此提出提升我国干部教育培训绩效的方法策略。本书主要解决以下四个问题:一是如何科学建构我国干部教育培训绩效评估指标体系;二是我国干部教育培训绩效到底如何;三是我国干部教育培训绩效受哪些因素的影响及各因素的影响程度如何;四是提升我国干部教育培训绩效,我们应从哪几个方面做出努力。为解决以上问题,本书分八章就此进行探讨,以下是八个章节的具体内容。

第一章为导论。本章首先综合分析了我国干部教育培训发展的国内外背景,并对我国干部教育事业的实践发展概况、理论研究现状及存在问题进行总结,在此基础上指出我国干部教育培训绩效评估研究的必要性,论述了本课题研究的理论意义和实践意义。同时,对本课题的研究方法、技术路线做了较为详细的阐述,从整体上对本课题进行布局。

第二章为教育培训绩效评估的理论模型。本章在文献调研的基础上,对国外包括柯克帕特里克(Kirkpatrick)的柯氏四级评估模型、斯塔弗宾(D. L. Stufflebeam)的 CIPP 模型(1965 年)、沃尔(Warr)和莱克哈姆(Rackham)的 CIRO 模型(1970 年)、Hamblin 的五层次评估模型、考夫曼(Kaufman)的五级评估模型(1994 年)及菲利普斯(Phillips)的五级投资回报率模型(1991 年)在内的六个经典的教育培训绩效评估模型进行了介绍,详细分析了每个模型产生的时代背景、指标体系的结构要素、实施培训评估的操作程序,并通过比较研究,对每个模型的优缺点进行了细致的分析。在此基础上,从经济社会发展对人才的需求分析入手,探讨了教育培训评估指标的发展趋势,为本课题理论模型的选择及改进提出了理论指导。

第三章为我国教育培训绩效评估的理论与实践。根据掌握的文献资料,本章从四个方面对我国教育培训绩效评估的理论和实践现状进行总结。首先,详细介绍了我国财政系统的干部教育培训情况。其次,以吉林辽源市为例,从成本收益的角度分析了我国党政干部教育培训绩效评估的方法和优化路径。再次,以苏州市为例,阐述如何在干部教育培训过程中最大限度地体现学员需求,保证培训项目的有效性。最后,对我国公共部门干部教育培训工作的理论支撑、培训绩效评估方法、培训评估指标体系及培训绩效评估的发展趋势进行了总结探索。

第四章为干部教育培训绩效评估指标体系研究。根据文献调研,对干部教育培训绩效的内涵及构成要素进行深入分析,借鉴美国Kirkpatrick 培训评估模型,从反应、学习、行为和结果四个维度,建立"干部教育培训绩效"R-L-B-R 四要素结构模型。在系统性、可操作性、有效性、可比性和合理性等原则的指导下,结合专家的意见和建议,遴选了100 个指标建立我国干部教育培训绩效第一轮评估指标体系,使理论指标能够涵盖干部教育培训绩效的内涵,充分体现其概念构思。在此基础上,通过隶属度分析、相关分析、鉴别力分析、专家会议修正等多种方法对我国干部教育培训绩效评估指标进行多重实证筛选,最终形成我国干部教育培训绩效评估指标体系。

第五章为干部教育培训绩效的实证调查与统计分析。本章将以上一章所构建的干部教育培训绩效评估指标体系为主要内容,严格按照调查问卷设计的理论、方法与程序,采用利克特(Rensis Likert)七点量表法,设计一份规范化的"干部教育培训绩效实证调查问卷"。选取到浙江大学干部教育培训基地参加干部教育培训的不同地区、不同部门、不同级别的党政领导干部作为问卷发放对象,对我国干部教育培训绩效进行实证调查。运用模糊层次分析法确定干部教育培训绩效评估指标体系各个评估维度和各个具体评估指标的权重系数。运用 SPSS 18.0 统计软件,对实证调查的结果进行统计分析,考察浙江大学继续教育学院干部教育培训绩效的总体水平(集中趋势)及差异水平(离散趋势)。采用方差分析法(Analysis of Variance),考察不同条件下的干部教育培训绩效是否存在统计显著性差异,并探寻引起差异的关键因素。

第六章为干部教育培训绩效影响因素的实证调查与统计分析。在对20 位干部教育培训方面的专家进行深度访谈和文献调研的基础上,课题组严格按照社会调查量表编制的理论、方法与程序,采用 Likert 七点量表法,编制一份规范化的《干部教育培训绩效的影响因素》调查量表,重点涉及国家宏观层面的干部教育培训机构管理制度建设，各级政府中观层面的干部教育培训投入、干部选择培养方式、干部培训督促检查等；以及实施培训机构微观层面的教学师资、教学内容、教学方法、教学设施、教学管理与服务等维度的影响因素。并以到浙江大学干部教育培训基地参加干部教育培训的不同地区、不同部门、不同级别的党政领导干部作为问卷发放对象，运用 SPSS 18.0 为数据分析工具，采用因子分析法提取影响干部教育培训绩效的主要因素。并以提取的主要影响为自变量，以干部教育培训绩效为因变量建立多元线性回归模型，以求更有效地揭示不同影响因素的影响路径和影响强度。

第七章为干部教育培训绩效的优化方案研究。根据对浙江大学干部教育培训基地干部教育培训绩效的实际评估结果，再结合干部教育培训绩效的影响因素的实证调查结果，课题组从干部教育培训机构宏观管理、干部教育培训组织管理优化以及干部教育培训项目优化等三个层面探讨了我国干部教育培训绩效的优化策略问题。

第八章为结论与展望。本章对本研究的主要结论进行了归纳总结，指出了本研究的不足，在此基础上对以后的研究进行了展望。

本课题的框架如图 1.2 所示。

干部教育培训绩效的评估指标、影响因素及优化路径研究

资料搜集方法 → ← 数据分析方法

第一章 绪论

第二章 教育培训绩效评估的理论模型

第三章 我国教育培训绩效评估研究的理论与实践

第四章 干部教育培训绩效评估指标体系研究

第五章 干部教育培训的实证调查与统计分析

第六章 干部教育培训绩效影响因素的实证调查与统计分析

第七章 干部教育培训绩效优化路径研究

第八章 总结与展望

文献调研

深度访谈

问卷调查

专家咨询

隶属度分析

相关分析

辨别力分析

FAHP赋权

描述性统计

方差分析

因子分析

回归分析

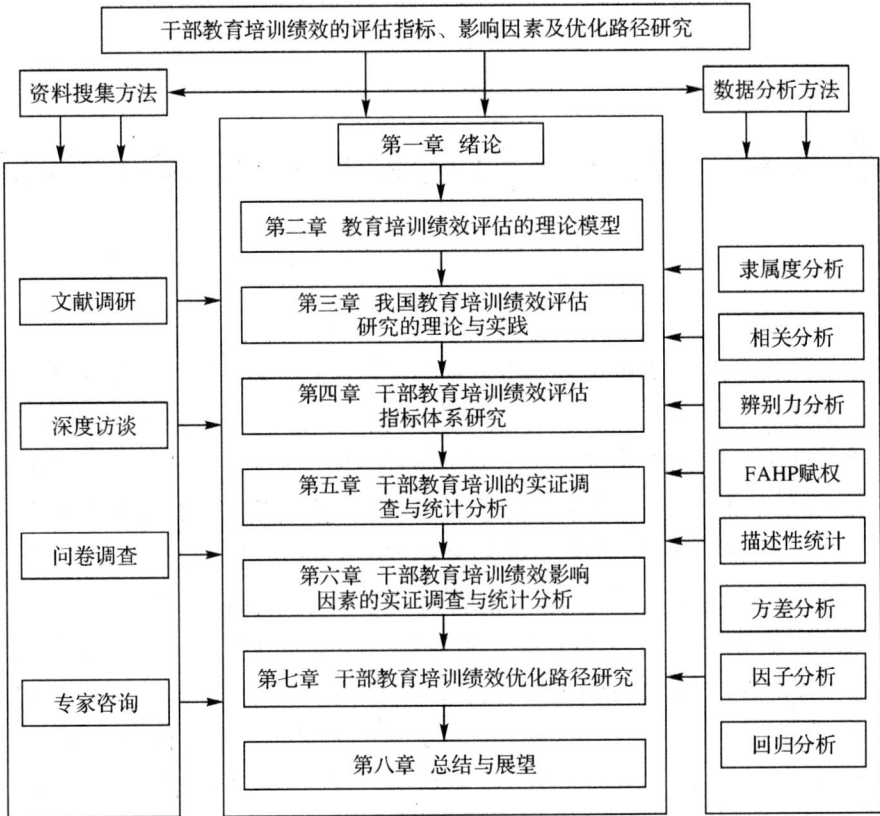

图 1.2 干部教育培训的绩效评估、影响因素及优化路径研究框架

第二章　教育培训绩效评估的理论模型

　　现代社会管理需要社会组织的积极参与和支持,而社会组织实现积极有效的社会管理又需要一支精干高效的人才队伍,因此,从某种意义上说现代社会管理归根到底是人才队伍的建设。重视对人才队伍的教育培训,提升他们的素质技能和价值认同,是社会组织发展和社会进步的根本手段。所以,科学的培训评估对于社会组织了解自己的培训投资效果、界定培训对组织的贡献、提高自己的管理绩效有着积极的作用。

　　如何实施有效的培训评估一直是教育培训循环链条中最难操作的一环。由于地域差异、文化差异、教育培训要求的不同和教育培训客体的不同,很难保证有一套培训评估体系可以适应所有培训评估的个性化要求。因此,本章将现今世界范围内一些经典的、影响力深远的培训评估模型进行一个简单的介绍,力求从中发现一些可以借鉴的培训评估模型和思路,对后文建立继续教育培训评估体系提供一些灵感和帮助。

第一节　柯氏(Kirkpatrick)四级评估模型

　　国内外的培训模型很多,但美国学者 Kirkpatrick 在 1959 年提出的柯氏培训评估模型堪称经典。柯氏培训评估模型是一个四级评估模型,分别包括反应(R)、学习(L)、行为(B)和结果(R)四个评估级别。在这四个级别中,每个级别都是极为重要的,都会对下一级别具有一定的影响。柯克帕特里克在其著作里面讲过:"当我们从一个级别进入到另一个级别时,评估程序会变得相对复杂一些,所需的时间也相对要多一些,但与此同时,我们却可以从中得到更多极为重要的信息。对这四个级别的评估,培训人员不能仅仅凭借自己的理解,想当然地随意跨越、省略某个级别而直接跳到自以为最为重要的级别上。"[9]按照柯克帕特里克的说法,柯氏培训评估模型的四个层次之间的关系如图2.1所示。

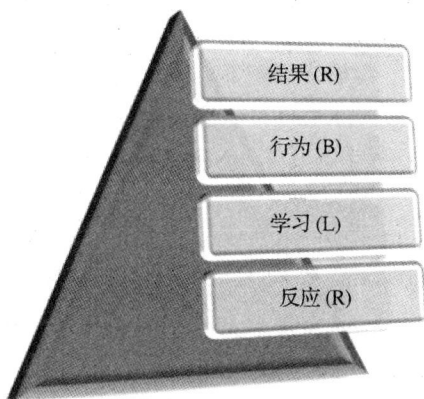

图 2.1　柯氏培训评估模型层次示意图

一、柯氏(Kirkpatrick)四级评估模型的主要内容

(一)培训反应的评估

这个层次的评估是衡量参与培训项目的受训者对培训所做出的反应[9],具体为对学习资料、授课教师、教学方法、内容、环境和组织等的看法。[10]这一级别的评估相当于顾客满意度评价,受训者即是顾客。根据受训者所提供的意见反馈,可以调整相应的教学培训内容和方式,适应受训者需求。

培训反应评估十分重要,但是实施起来却相对简单,大多数培训机构的做法是发放反应评估表给受训者,让他们根据评估表上的内容进行作答。但是这种方法由于培训人员素质不一,评估表的内容差异,反应评估不一定会起到预期的效果。因此,反应评估表的设计和运用需要遵循一定的指导原则和程序,具体如下:

1.确定需要了解的反应事项

反应评估是反映受训者对培训项目的整体看法,对每一个培训项目来说,培训主题和培训责任人员是两个必须要进行评估的方面,因此对这两方面的因素单独进行评价非常重要。另外,培训评估表还应该包括对培训的教学方法和教学设施的评价。在设计反应评估表评估选项的时候应该注意,"反应"就是受训者对培训项目的感受,或者更准确地说就是受训者喜欢培训项目的程度,Kirkpatrick 定义的"反应"并不包括对受训者所学到东西的评价。[11]

2.设计一份能量化受训者反应的表格

最理想的培训反应评估表格应该做到以下两点:一是能够提供尽可能多的信息;二是仅仅需要花费尽可能少的时间。受训者在培训结束后,往往不会耐下心来填写评估问卷,这时候如果发到他们手中的是一份需要受训者发表长篇大论的问卷,可想而知受训者的心情会如何,也能够进一步想到回收上来的问卷质量会如何。因此,比较合适的问卷表格应该是既有选择题,又有一定的空间让受训者畅抒己见,这样的一份表格才能既迎合受训者的心态,又能收到良好的反应效果。这里列举两份柯克帕特里克教授所写的书中所提到的培训反应评估表(见表 2.1、表 2.2)。

表 2.1　培训反应评估表(一)[9]

请坦率地告诉我们你对培训的反应和意见。你提供的信息有助于我们对此次培训项目进行评估,并对以后的培训项目做出改进。

培训人＿＿＿＿＿＿＿＿＿＿＿＿＿＿＿　　培训主题＿＿＿＿＿＿＿＿＿＿＿＿＿＿

1.你对此次培训的主题如何评价?(从是否感兴趣,是否有收获等方面考虑)

＿＿＿＿＿＿　　最好　　意见和建议:

＿＿＿＿＿＿　　很好

＿＿＿＿＿＿　　好

＿＿＿＿＿＿　　一般

2.你对此次培训的责任人如何评价?(从其对培训主题的了解程度及沟通能力等方面考虑)

＿＿＿＿＿＿　　最好　　意见和建议:

＿＿＿＿＿＿　　很好

＿＿＿＿＿＿　　好

＿＿＿＿＿＿　　一般

＿＿＿＿＿＿　　差

续表

3.你对此次培训的设施条件如何评价?（从舒适性、便利性等方面考虑）

_____ 　最好　　意见和建议：

_____ 　很好

_____ 　好

_____ 　一般

_____ 　差

4.你对此次培训的日程安排如何评价?

_____ 　最好　　意见和建议：

_____ 　很好

_____ 　好

_____ 　一般

_____ 　差

5.采取哪些措施会对该培训项目起到改进和完善作用?

表 2.2　培训反应评估表（二）[9]

为了确保本培训项目更有效地满足你的需求和兴趣,我们需要你填写这份表格。请告诉我们你对培训的反应,你所提供的任何建议和意见都是对我们的莫大帮助,都会促使我们为你提供更好的服务。

说明:请在每个选项后面选择适当的答案,并用圆圈圈起来就可以了。

	强烈反对			赞同			强烈赞同	
1.培训项目涉及的内容与我的工作有关	1	2	3	4	5	6	7	8
2.培训内容的讲解方式很有趣	1	2	3	4	5	6	7	8
3.培训师能够进行高效沟通	1	2	3	4	5	6	7	8
4.培训师进行了精心准备	1	2	3	4	5	6	7	8
5.培训辅助资料非常有用	1	2	3	4	5	6	7	8
6.发放的培训资料对我有很大的帮助	1	2	3	4	5	6	7	8
7.很多资料都可以应用到实际工作中	1	2	3	4	5	6	7	8
8.培训场所及设计的选择非常妥当	1	2	3	4	5	6	7	8
9.培训日程安排得很好	1	2	3	4	5	6	7	8
10.培训过程中讲授与小组讨论安排合理	1	2	3	4	5	6	7	8
11.研讨小组可以帮我把工作做得更好	1	2	3	4	5	6	7	8

采取哪些措施有助于对这次培训做出更大的改进?

3.确定评估标准

对于所有评估反应的表格,都可以制成用数字表示的数字表格。例如在第一份表格中,可以借助5分法对受训者填制的表格内容进行评估(5=最好,4=很好,3=好,2=一般,1=差),最后将所有受训者的得分汇总,除以参与评价的人数,就可以得到这些评估内容的实际得分。评价尺度的选取一定要合理、明确,避免受训者在评价时难以选择。

4. 及时与测评受训者沟通和交流

为了保证评价的及时有效,应该选择合适的时间给受训者发放问卷。一般选择在培训结束的前几分钟将表格或问卷发放到受训者手中,要求受训者在培训结束后立即填写问卷或表格,之后马上收回。在表格或问卷收回后,还可以根据评估要求对特定受训者进行重点访谈,以保证测评结果的准确有效。

(二)培训学习的评估

这一层次的评估主要是衡量受训者对知识、技能和态度等培训内容的掌握程度。按照柯克帕特里克的说法,培训学习的衡量,主要是确定以下事项:

(1)受训者学到了哪些知识;

(2)受训者掌握或提升了哪些技能;

(3)受训者在哪些态度上发生了转变。

柯氏培训评估模型本身的特点是层层递进,下一层级的实现是以上一层级的成功为依托的,因此受训者本身的行为得到改变,只有在学到知识、技能和态度后才可以发生。那么,要想在下一层级的评估中得到受训者行为是否改变的正确结论,就必须在这一层级对受训者的学习做一个准确的衡量。这里需要特别强调一点的是,有些培训评估机构可能得到这样一种错误结论,即"受训者在行为上没有发生明显的改进,所以受训者没有学习到相应的知识、技能和态度"。之所以说这样的一种结论是错误的,是因为受训者没有在行为上发生转变,可能是由于受训者面临的环境不提倡甚至竭力反对将学习成果应用到实践中去。在这样一种情况下,受训者虽然学到了内容,但是由于工作氛围所致,使他们无从施展所学内容,结果导致他们在行为方面没有发生任何改变。[9,12]

相对于上一级的反应评估,学习的评估更要复杂一些。在这里给出一些关于学习评估的指导原则和方法。

1.在可能的条件下设置对照组进行分析

如果企业条件允许的话,对待某些重要的培训可以设置对照组进行学习效果的比较。这里对照组的划分应该根据评估的需要,既可以按照是否参加培训进行划分,也可以按照一定原则对受训者进行分组,同时分别进行学习,然后对学习效果进行对比。对照组和实验组之间的所有不同,都可以通过培训项目导致的学习结果的变化得到解释。[9]

2.在培训前后都对受训者的知识、技能或态度进行评估

通过培训前后测评受训者所表现出来的差异,可以较好地反映培训学习所带来的效果。对技能类培训通过受训者的课堂表现或实际应用测试就能比较容易地评价其学习效果,而要对非技能类培训的学习收获进行评价就要相对困难一些,仅通过课堂表现很难准确判断,但是标准化的笔试可以较好地解决这个问题。[11]笔试试卷的设计应该遵循三个原则:一是笔试题目应该符合评估目标。测试的目标是什么,在试卷当中应该从头到尾得到体现,否则就没有效果。二是各种类型的考试内容应该结合起来使用。比如在公司能力测评试卷中,应该既有专业知识的技术性试题,也应该有考察人员逻辑思维、阅读、写作等能力的非技术性试题,通过多种试题类型的结合可以很好地反映测评者的综合素质。三是要重视知识的实际运用能力。设计试卷时应该多设置情景演绎及案例讨论等。下面列举一例美国密尔沃基市的抵押保险公司(MGIC 公司)开发的一个涉及多种测试内容的对主管进行知识考查的题库(见表 2.3)。

表 2.3　MGIC 保险公司对主管知识范围测试题目举例[9]

1.正确　错误	在准备一次付清保费的诚实贷款披露报告时,抵押保险状况应该在贷款有效期内一直处于公开状况。
2.正确　错误	GE 公司和 MGIC 公司提供的一次付清保费的偿还政策一样。
3.正确　错误	GE 公司、MGIC 公司和 PMI 公司是仅仅提供非一次性付清保费服务的抵押保险公司

续表

4. _____	下面哪些不属于贷款进展报告中的内容？ a. 同意贷款 b. 贷款结果待定 c. 拒绝贷款 d. 获得贷款
5. _____	下面哪些人不会对 MGIC 公司的购买决策带来有利影响？ a. 顾客 b. 房地产经纪人 c. MGIC 公司保险代理人 d. 二级交易市场的经理人员 e. 负责服务业务的经理人员 f. 上述所有选项 g. 上述所有选项都不是 h. b 和 c i. c 和 e
6. _____	新颁布的储蓄和贷款的风险投资规定会让顾客做出如下哪些行为？ a. 将全部贷款转化成证券 b. 开始考虑房屋净值贷款 c. 为那些未上保险的购买保险 d. 上述所有选项 e. e 和 c f. b 和 c

3. 合理选择样本

样本的选择对于测量的结果有很大的影响，一般来说在受训者较少的情况下，会让受训者 100％参加测试，但是如果受训者容量很大，那么就需要进行随机抽样，力求让样本最大可能地反映总体信息。

(三)培训行为的评估

培训行为的评估主要是考察受训人员在回到工作岗位后，将所学知识、技能应用到工作当中的表现和工作态度的改变。这一层次的评估十分困难，这主要是由三方面的原因造成的：一是评估主体的复杂性。这是因为对受训者培训行为的评估不能只以当事人自己的评价为依据，这样的评价主观性和随意性太强。应该通过当事人的上级主管、下级工作人员及平行级别的同事等进行全方位考核，方能获得受训者行为改变的全面信息。二是行为评估有一定的滞后性。该层次的评估在培训结束后并不能立即开始,必须要在培训结束后相对较长的时间方能进行,这段时间受训者的行为可能受到其他因素的影响。三是评估成本较高。行为评估不能只靠调查问卷的形式,经常需要借助面谈的形式来获取其他资料,而且由于受训人员可能是异地工作人员,调查一个周期就会需要很长的时间,因此无论从时间成本还是费用成本来说,都需要不菲的代价。

因为上述所说的行为评估的困难性,许多人在面对这一步时都望而生畏,其至避开这一步评估。但是这一步评估是非常重要的,它能够判断培训到底给受训者带来了多大程度的行为上的改变。只有积极的改变才会导致有效的产出,如果避开这一步评估,受训组织的产出与培训之间的关系就会变得模糊。柯克帕特里克曾说:"评估总比不评估强,即便培训人员对行为转化方面的评估做得有欠精致、有失科学,我也希望他们能够对此做出一些评估方面的努力和尝试。"[9]鉴于此层次评估的困难性,本书在这里仅是简单讨论评估时应当注意的问题和程序。

1. 确定评估的周期和次数

一般来说,参训人员不一定会在培训结束后马上就有机会将所学知识和技能应用到工作中去,也就是说参训人员如果要发生行为的改变需要一定的时间,评估人员如果要对受训者进行准确的评价,就应该给参训人员留出足够的时间去实践其所学的知识。根据柯克帕特里克自己的发现,3~6个月的时间是比较现实的。

有些受训者可能在采取新行为一段时间之后,又回到原先的行为上去,这个可能是工作氛围等外在因素所致,不容易预测,但是受训者这样的改变会影响我们对于下一层次的评估。因此,对于受训者的行为进行多次评估就显得很重要,很难说在什么时间进行评估是合适的,这要根据评估的实际情况来考虑,有的时候可能是两三个月,有的时候可能是半年。

2. 选取评估的调查人群

参训人员一般不会承认自己在受训后没有发生转变,所以对于参训人员的评估人群应该选取那些了解参训人员行为的人进行调查或访谈。

在确定评估调查人群之前,评估人员应该问自己这样几个问题:"在调查或访谈的人员之中,哪些是最适合的人选?""哪些是最容易进行调查或访谈的人选?""在那些可以进行调查或访谈的人中,不对某些人员进行调查或访谈的原因是什么?"[9]

现在对于受训人员培训行为的评估大多采用 360°评估方法。该方法是指由员工自己、上司、直接部属、同仁同事甚至顾客等从全方位、各个角度来评估人员的方法。评估内容可能包括沟通技巧、人际关系、领导能力、行政能力……[13]通过这种理想的评估,评估者可以从受训人员、上司、部属、同事甚至顾客处获得多种角度的反馈,以便对参训人员的行为转变做出恰当评估。

3.确定评估采取的方式

行为层次的评估一般采取访谈和问卷调查两种形式。这两种方法各有优缺点,访谈可以使评估者得到更多的信息,但是耗费时间,而且能够访谈的人数也是有限的。调查问卷虽然没有访谈获得的信息多,但是可以大规模地发放问卷,而且问卷如果设计得当,也可以获得相关的信息。在评估过程中,应该根据评估的具体情况确定评估方式,比如说可以从调查人群中选取一小部分人员进行访谈,其他人进行问卷调查。

4.比较评估成本和评估收益

与所有投资一样,培训评估也应该比较培训成本和收益。在运用柯氏四级评估法的过程中,评估人员会发现成本随着评估层级的提高一步步地增加,具体表现在:评估工作越来越复杂,评估涉及或投入的人员不断增加,评估时间跨度越来越大,以及投入的财务支持越来越多。[12]评估收益包括对行为转变和最终结果进行评估所能取得的收益。[12]比较评估成本和收益要看他们的产出比。一般来说评估带来的潜在收益越大,花费的成本就越高。还有一个决定是否进行评估的重要因素是培训项目举办的次数。培训项目举办的次数越多,培训评估带来的收益就会越大,这时就越有必要对培训项目进行评估,相反,某培训项目若是只举行一次,就没有必要为评估行为的改变而花费高昂的成本。

(四)培训结果的评估

对培训结果的评估必须上升到组织的高度,判断培训是否对组织具有具体而直接的贡献,可以通过企业的利润率、企业的成本、产品合格率、员工的满意度和离职率等指标进行观察。这个层级的评估是四级评估中最重要的一部分,是培训的最终目的,也是培训评估环节中最艰巨的一环。这一环节还存在着一个很大的困扰,就是评估方可能无法找到充足的证据来证明企业所取得的成就与培训相关。比如说企业在培训后公司的业绩明显上升,有的人可能就会认为是培训取得了效果,通过企业员工行为的改变带动了企业业绩的上升,但也有一些较真的人会问:"真的就是培训导致的业绩上升吗?为什么不能是当前国家政策的调整?为什么不是现在原材料成本的下降?为什么不是现在市场需求的扩大?"由于培训项目成果的表现具有一定的滞后性,所以在整个的培训项目周期,企业受到其他因素的影响是不可避免的,因此要找到"培训导致企业业绩上升"的确凿证据几乎是不可能的。

抛开上述这个问题带给我们的困扰,我们应该认识到这个阶段的评估和行为评估无甚大的区别,所需的评估方法和程序也基本相同。正如Reeves 和 Hedberg(2003)所说的不应将行为从结果中完全地剥离出来一样,事实上二者之间的关系的确是难以割裂的,是既有区别又有联系的:[12]

(1)二者都应该给受训人员和组织留有足够的时间去取得成果,方便评估人员的测评。评估方都应该尽可能地对受训人员和组织进行多次评估。

(2)调查人群的选取都应该本着尽量反映评估信息的原则去选取,调查方式都是可以采取访谈和问卷调查的方式。

(3)对于衡量的标准可能有所不同,行为评估衡量的是培训人员培训前后个人行为是否发生了改变,而结果评估是根据组织的一些具体指标看组织绩效是否取得了明显的上升。

(4)都需要考虑评估成本和评估收益,两种评估的收益基本上是相对一致的,但是结果评估的成本相对于行为评估要低很多。

二、柯氏培训评估模型在运用中存在的问题

(一)柯氏培训评估模型本身存在的局限性

世上没有任何一种模型是完美的,柯氏培训评估模型也是如此。柯氏培训评估模型自从建立至今已经经历了50多年的发展历程,经过无数专家的论证和实践,虽然获得了大家广泛的赞扬和认同,但是也暴露了自身的一些缺陷和漏洞,其中对于模型的批判主要集中于以下几点:

1. 评估方法过于简单

柯氏培训评估模型的评估方法大多数就是调查问卷、访谈、笔试等一些简单模式,而通过这些模式回收上来的信息,答题者或受访者的主观意识太强,评估者只能获得片面的信息。要想获得关于培训效果全面的信息,只有通过加大回收量来获得尽可能完善的信息,但是这样又增加了评估成本,减少了模型本身的可操作性。因此,柯氏培训评估模型评估方法的改进会是今后柯氏培训评估模型发展的一个方向。

2. 无法对培训效益进行定量的评估

培训是一种投资,投资就要看效益,而柯氏培训评估模型对效益的评估没有给出具体的方法,只是简单地在培训结束后对整个培训过程进行一次性的总结评估,缺乏对于过程的具体描述,尤其是缺乏培训成本投入的具体说明和培训收益的具体定义。这样的评估无法刻画受训组织通过培训获取效益的具体路径,评估方对于培训效益就无法进行定量评估,受训组织也无法直观地看到培训的收益。这也是现在国内大多数组织不愿意将柯氏评估模型彻底应用的一个重要原因。

3. 模型在逻辑上存在一定的争议

第一个争议是柯氏培训评估模型的内涵过于简单,难以满足现代评估目标的要求,这一点在后来也逐渐得到了证实。如 1994 年,Phillips 在柯氏培训评估模型基础之上,加入了成本—收益分析的逻辑,增加了对培训投资回报率的计算,使得培训评估可以比较货币利润和投入成本。

1995 年,Kaufman 不仅考虑了培训的投入情况,还加入了新的层级——"社会效益"级,使得评估超越了本组织的范围,起到检验培训项目带来的社会价值及周边影响的作用。[14]还有一个争议在于第三级与第四级评估是否应该分开。其中以 Reeves 和 Hedberg(2003)为代表对这一点的批判最甚,他们认为不应该将行为从结果中完全地剥离出来。因为在一定程度上行为本身的转变就是最终的结果。[14]

（二）模型在运用中存在的误区

柯氏培训评估模型在国外已经发展得相对成熟,但是在我国的运用还处于起步阶段,对于柯氏培训评估模型的理解和运用肯定会有所偏颇,因此,对于模型的运用存在以下误区:

1. 缺乏对模型的系统理解和应用

柯氏培训评估模型一共四个层次,前两个层级侧重于过程的评价,后两个层级侧重于结果的评价[15],四个层次的深度由浅及深,实施难度由易到难,各个层次之间存在一种递进的相互依存的联系。一些企业和培训机构在进行培训效果评估的时候仅仅选择自己认为"重要"层级,没有按照理论对培训进行全面系统的评估,这样就忽略了模型整体存在的内部关联性。比如有些企业或组织在评估培训效果的时候仅仅做到第二层级就不做了,通过这样的评估得出的评估结论是有偏差的,甚至可能是错误的。

2. 各级培训评估方法选用不恰当

在国外由于柯氏培训评估模型经过较长时间的发展,理论和方法相对成熟。而在国内,柯氏培训评估模型的发展尚处于探索阶段,各个层级的评估方法、评估工具的选择尚不能满足产业与企业的个性化需求,因此就难免出现照搬书本式的生拉硬套,这样评估工作就脱离了实际,难以达到培训评估的目的,也就难以实现绩效的持续改进。

3. 培训评估缺乏跟踪和反馈

由于对训后的受训者确实难以进行行为的跟踪和结果的反馈,而且在一定的期间内,受训者的行为可能受到其他因素的影响,很难定量计算培训对于行为改进和效果提升的影响程度,所以很多组织不愿意去做这种既耗费时间、又耗费人力物力的跟踪和反馈工作。另外,现在的组织很多都是急功近利的,在培训效果的评价过程中更倾向于书面的评价和数据,对于真正能起到作用的跟踪和反馈反而不愿意去做。所以,目前国内组织的培训效果评估很多无法起到真正改善受训者行为和提升管理绩效的效果,就是因为对于培训效果评估没有做到底。

三、柯氏评估模型的修正和发展

柯氏模型虽然存在一些弊端,但时至今日依然被广泛应用。柯氏模型是最早用来指导研究培训效果的评估模型,其思想和方法对于后世的培训评估研究具有深远的指导意义。国际学术界很多培训评估模型都是在这个模型的基础上发展和完善起来的,其中具有代表性意义的是以下三个:

1. Hamblin 模型

该模型由 Hamblin 于 1974 年提出。他认为评估模型应该增加两个方面的评估:第一是对行为产生的结果进行成本效益分析,第二是要评估培训结果对企业战略目标的影响。[16,17] Hamblin 模型与柯氏模型的四层次模型基本相似,他将模型划分为五个层次:

(1)反应评估:主要是了解受训学员对培训相关要素的看法,包括培训的内容、方式、培训师的教学方式、教学设施等。这个阶段的培训可以在培训中进行,也可以在培训后一段时间内进行。

(2)学习效果评估:这一层次的评估在培训前和培训后都要进行,主要是考察学员对培训内容的掌握程度,包括知识的理解、技能的提升和态度的进步。

(3)工作行为评估:确认由培训项目导致的学员在工作中行为表现的变化,通常在培训项目之前和之后进行。

(4)执行评估:量化培训项目给学员所在部门或组织带来的影响,多数情况下,采用成本—收益分析。

(5)组织目标评估:判定培训项目对组织营利能力和对抗危机能力影

响的大小。

Hamblin 模型的重要贡献在于增加了"组织目标评估"这一层级,这样就使得受训组织将培训评估与组织发展战略联系到一起。通过测量培训对组织战略的影响,使得受训组织在进行培训设计时会多考虑几个问题,比如会不会对组织发展有利,会不会提高组织凝聚力,能不能帮助组织实现预期目标等,提高了培训与组织发展的一致性。

2.菲利普斯(Phillips)五层次投资回报率模型

Phillips(1991)认为 Kirkpatrick 的柯氏评估模型不够完整。他认为,虽然柯氏模型的第四级评估可以对质量、客户满意度、时间等影响组织绩效的因素进行衡量,但是没有考虑培训活动的成本—收益比,即投入—产出比。因此,Phillips 在柯氏模型的基础上增加了第五层"财务评估层(ROI)",将培训带来的货币利润与成本进行比较。[18]这样就形成了"Phillips 五层次投资回报率模型"。由于在第三节中将重点介绍 Phillips 五层次投资回报率模型,因此这里就不展开叙述其具体内容。

Phillips 五层次投资回报率模型对柯氏模型的改进作用主要体现在:将量化分析的思路首次引进培训效果评估中,是培训评估量化分析的开端。投资回报率是财会概念,体现的是组织的经济利益,是大多数社会组织追求的最终目的,在评估模型中引入投资回报率大大增加了评估模型的应用范围。

3.考夫曼(Kaufman)的五级评估模型

Kaufman(1995)认为柯氏模型存在两处不足:第一是忽略了背景分析,即没有对实现培训项目所必需的资源基础和条件进行分析;第二是忽略了培训对组织周边环境的影响。他认为培训产生的社会效益不单单是组织获得的结果,还可能对其他利益相关者产生影响。[17,18]因此,Kaufman 将柯氏四级评估模型扩展到五级,具体内容如下:

(1)所需资源可行性与反应内容的评估:分析受训组织的人力、财力、物力资源能否保证培训活动的完成;反应评估包括培训的方法、手段和程序的接受情况和效用情况。

(2)掌握评估:了解受训人员对所培训内容(如知识和技能等)的掌握

情况。

（3）应用评估：评估个人和团队在受训后的工作表现，以及对所学知识和技能运用的情况。

（4）组织效益评估：主要评估由培训所带来的行为变化产生的组织结果，以及培训对于组织的贡献和回报情况。

（5）社会效益评估：评估培训项目对于组织外部主体的影响，例如受训组织是企业，那就应该考虑包括客户、供货商等相关主体的获益情况。

通过增加社会效益评估，使得评估超越了本组织的范围，不仅评估了培训项目对受训组织自身的影响效果，而且评估了培训项目给社会带来的价值和对周边环境产生的影响。Kaufman 的这种方式也在一定程度上拓展了培训收益计量模型的内涵，为后续更精确的评估培训活动提供了很好的思路。

第二节　CIPP 评估模型

柯氏模型作为最早和最经典的培训评估研究模型，反映了受训人员和受训组织最本能、最直接的期望，也解释了培训的价值和意义等基础性问题，因此，柯氏模型在几十年的发展历程中经久不衰，并得到了进一步的发展，如菲利普斯和考夫曼的"五级评估模型"等。但是，究其本源我们发现，不管是柯克帕特里克的"四级评估模型"还是菲利普斯和考夫曼的"五级评估模型"都是对于培训的终结性评价，即无法对培训整个过程实施必要的监控，也无法及时对培训实施必要的调整和改进。于是，就有人提出了将评估活动贯穿于整个培训过程的主张，CIPP 评估模型就是在这样的背景下应运而生。

一、CIPP 模型的主要内容

CIPP 评估模型是在 1966 年由美国学者斯塔弗宾（D. L. Stufflebeam）提出，亦称决策导向型评价模型，这一模式是在当时的美国教育改革运动中，在批判泰勒的目标评价模式的基础上形成的。[19]斯塔弗宾认为教育活动中所需的评价应该是广义的，不应仅仅局限于确定目标是否达成,新的评价定义应该有助于方案的管理和改进。他确信:评价的最大目的在于对学校管理人员、方案主持人员和学校教师提供信息,以便在必要时对方案加以修正,评价是为做决策者提供信息服务的过程。因此,他给教育评价下的定义是:"评价是关于方案、项目、服务或其他利益目标的优点和价值的一种系统调查过程。换言之,评价是一种划定(delineating)、获取(obtaining)、报告(reporting)、应用(applying)叙述性与判断性信息的过程。这些信息涉及评价对象的优点和价值,目的在于指导如何作决策,支持教学效能核定(accountability),传播有效实践,并增进对研究对象的了解。"[20]CIPP 模型最初是应用于教育评估,后来逐渐应用到其他领域,它包括四个具体的评估内容,分别为:背景评估(Context evaluation)、输入评估(Input evaluation)、过程评估(Process evaluation)、结果评估(Product evaluation)。

（一）背景评估(Context evaluation)

背景评估是对方案目标的合理性进行评价和判断,即对目标本身进行诊断性评价,为计划决策服务。[11]它的主要内容包括:[20,21]

（1）了解相关环境——描述本次培训的背景情况。

（2）分析、确定培训需求——界定预期的受益人,并评定其需要。

（3）诊断特殊问题——弄清满足需要所存在的问题和障碍。

（4）鉴别培训机会——界定本地资源和资助时机。

（5）制定培训目标——根据上述分析,界定本次培训的目标,分析目标与本次所需培训的适切性。

（二）输入评估(Input evaluation)

输入评估是在背景评价的基础上,对达到目标所需的条件、资源以及各备选方案的相对优点所做的评价,其实质是对方案的可行性和效用性进行判断,为组织决策服务。[19,20,22]输入评估包含的事项有:

（1）收集培训资源信息——收集本次培训涉及的人、财、物等资源信息,列出详细清单。

（2）评估培训资源——界定本次评估可能需要的资源信息,评估现有资源在多大程度上可以满足评估需要,确定是否需要外界资源。

(3)确定培训方案——从项目规划和总体设计策略出发,审视备选方案,确保所选方案可以最有效地使用现有资源以达到培训目标,这个所选方案可能是最佳的一个,也可能是几个方案好的结合面。

(三)过程评估(Process evaluation)

过程评估是对培训方案的实施过程作连续不断的监督和检查,将评估信息反馈给方案制定者、管理人员和执行人员,为实施决策服务。[10,20,21]通常过程评估应该包括以下事项:

(1)考察方案的实施进度和程序——了解方案实施的进度,检查方案是否按照原计划进行;若培训方案在实施过程中未达到培训目标,分析培训项目实施偏离既定目标的原因。

(2)洞察潜在的不利因素——培训项目在方案的制订过程中不可能预测到实施过程中可能会遇到的各种问题,因此,发现潜在的导致项目失败的不利因素是过程评估一个重要内容。

(3)及时调整实施决策——培训方案的实施是一个动态的过程,当方案在实施过程中发现不利因素或者遇到突发状况的时候,需要及时调整既定决策,甚至制定新的决策来实现培训目标。

(4)详尽记录方案实施情况——对实施的方案进行详尽的记录,包括实施方案和原方案的对比、实施过程中参与人员的反应和表现、实施中资金的利用信息等,通过这些信息为最终的培训评估提供依据。

(四)结果评估(Product evaluation)

结果评估是对培训活动所达到目标的衡量和解释,包括测量、判断、解释方案的成就,确定需要的满足程度等[19-22]。结果评估是培训活动的终结性评价,可以为再循环培训提供参考依据。结果评估包括的内容有:

(1)衡量结果——根据培训目标的总体规划和培训方案的具体设定,搜集相应的信息来衡量培训结果。

(2)判断结果——根据前一阶段对培训结果的衡量,比较分析培训结果与培训目标之间的差异,看培训结果是肯定的还是否定的,是仅仅满足了预期还是达到了非预期效果。

(3)解释结果——对于培训结果的解释应该来源于两方面。第一是通过 CIPP 模型本身的特点和过程来解释培训结果的必然性；第二是通过对受训组织、人员和资助方的访谈和问卷调查,确定培训活动对服务对象的满足程度,获得他们对于此次培训的意见和看法。

四类评估类型的目标、方法和决策拟定见表 2.4。

表 2.4　CIPP 模型四种类型评估特征[23]

	背景评估	输入评估	过程评估	结果评估
目标	界定机构或服务的背景;确认对象及其需求;确认相关领域的有利条件和资源机会,以重视并满足需求;诊断需求所显示的困难;判断目标能否响应所评估之需求。	确认并评估系统能力及可能服务的策略;紧密检验规划程序、预算及时间,以利执行所选定的策略。	确认或预测程序设计或实施中的缺点;提供信息,供方案做决策;建文件记录所有程序事件与活动,以利后续的分析与判断。	搜集详细资料并判断结果产出;将结果发现与目标以及背景、输入、过程的信息相联系;解释方案的价值及优点。
方法	使用系统分析、调查、文献评论、现有资料分析、听证会、访谈、诊断测验以及德尔菲技术。	通过储存并分析可用的人力与物质资源;通过文献探讨、参阅优良的方案、倡议团队及前导试验,来确认并检视所有可能成功的策略;针对程序设计的相关性、便利性、成本、经济效益等,进行批判。	控制活动中的潜在障碍,并对非预期的障碍保持警觉;通过取得特定信息供方案做决策;通过访谈受益者,描述实际过程,维持一个原始的记录,并与工作人员及受益者保持持续性互动,并观察他们实际活动的情况。	通过操作性定义并评估产出;从利害关系人处搜集对结果的判断;执行定量和定性分析;通过对照比较评估需求、目标及相关标准的结果。
在变革过程中相关决策的拟定	决定所服务的环境;界定目标及其优先级;重视可能潜在的障碍,并设法处理之;提供评估需要,以作为结果判断的依据。	选定支持资源及其解决策略;阐述一个优良的方案的程序设计;包含预算、时间以及人力计划;提供一套管控并判断执行过程的基础。	执行并精炼方案设计及其程序,例如:实施过程管控;记录实际过程,作为判断执行过程及阐释结果的基础。	针对变革活动,决定继续、撤销、修正或重新聚集;提供一份清晰的有关效果(预期的与非预期的、积极的与消极的)的记录;判断方案的优点及价值。

二、对 CIPP 模型的简要评析

(一)CIPP 模型的优点分析

1. 以决策/绩效问责为导向的研究模式(Decision/Account-ability Oriented Studies)

泰勒(Tyler)的目标本位研究模式是 CIPP 模型的前身,这种研究模式因为其特有的常识吸引力曾经盛行一时。但是这种研究模式也有其不可避免的缺陷:[23]

(1)评估活动产生的信息是终结性评价,无法改进方案;

(2)信息通常太偏狭,不足以作为判断任一对象的优点和价值的基础;

(3)这种研究不能揭发正面或负面的作用,而且它们可能相信没有价值的目标。

因此,对于评估模式的研究就有了新的要求:既要充分评估方案的优点和价值,又要能前瞻性地协助改善方案。决策/绩效问责导向模式就是在这样的条件下产生的。这种模式是以方案预期受益人的需求为准则来考量方案的优点和价值,因此需要方案预期受益人和评估人员通过不断的互动来减少培训需求与方案执行之间的距离。由于这种模式需要所有的方案利害关系人参与到评估过程中去,所以,以决策/绩效问责为导向的研究模式就具有下述三个优点:

(1)可以及时获得方案所有利害关系人对于方案的反应;

(2)鼓励方案人员有效地执行系统计划,并持续地利用评估来改进计划和决策;

(3)得出的评估结果可以有效地指导后续项目的设计和执行。

与泰勒(Tyler)的目标本位研究模式相比,决策/绩效问责导向模式不仅对目标本身的合理性进行了审查,更吸收了泰勒模式中的合理成分,为培训评估工作建立了一整套系统的观察模式和解释程序,实现了对整个培训过程的鉴定与监督。斯塔弗宾的 CIPP 模型作为决策/绩效问责导向模式之中的代表之作,不仅能确定培训目标的达到程度,更重要的是将评估切入到整个培训活动中去,为培训决策提供有用的信息,改进培训活动。CIPP 模型的主要特征及其流程见表 2.4 和图 2.2。

2.重视评估的改进功能

教育评估的传统观念认为,教育评估的主要目的在于证明,主要任务是以测验为手段,来鉴别和挑选适合教育的儿童,评估的重点放在活动结果上。[22]而斯塔弗宾的 CIPP 模型不仅没有忽视终结性评估,而且更注重了对于过程的形成性评估,即对过程的改进。他有一句对于评估作用的名言:"The most important purpose of evaluation is not to prove, but to improve.(评估最重要的目的不在证明,而是改进。)"这句话也成为贯穿整个 CIPP 模型的基本观点。图 2.2 就显示了 CIPP 评估模型在培训系统中的改进作用。

从图 2.2 可以看出 CIPP 评估模型可以视为协同利害关系人共同改善方案、计划和服务运作的一种工具,这个模型非常重视利害关系人参与评估过程,同时倡议为了持续改进应该进行累积性研究。[22]

3.CIPP 模型把诊断性评估、形成性评估、终结性评估完整地结合起来

诊断性评估、形成性评估和终结性评估是人们按照职能不同对评估模型的分类,前述泰勒(Tyler)的目标本位研究模式即是终结性评估。CIPP 模型之所以能将这三种评估模式完整地融合在一起是因为 CIPP 模型是对整个过程的评价。首先,背景评估中对目标的确认加以监督;其次,在输入评估中对方案的选择加以评判;再次,在过程评估中对方案的实施加以指导;最后,在成果评估中对目标的达成度进行判断。[20,22]这样就将整个培训活动置于培训评估的监督体系之下,针对培训活动的不同阶段,需要评估发挥不同的职能,自然就把培训评估三种不同的职能有机地结合起来了。

系统正规运作(包括各种评估活动)

解决方案的实施

定期背景评估

证明变革的正当性

否

是

界定问题,并形成目标

解决方案是否满意?

否

否

输入评估

发现一个成功的策略?

是

发展检测的需要

否

否

是

执行特别计划

过程与产出评估

是

计划是否值得再进一步努力?

否

是否满意成就表现?

否

评估

是

否

是否仍然需要一个解决方案?

是

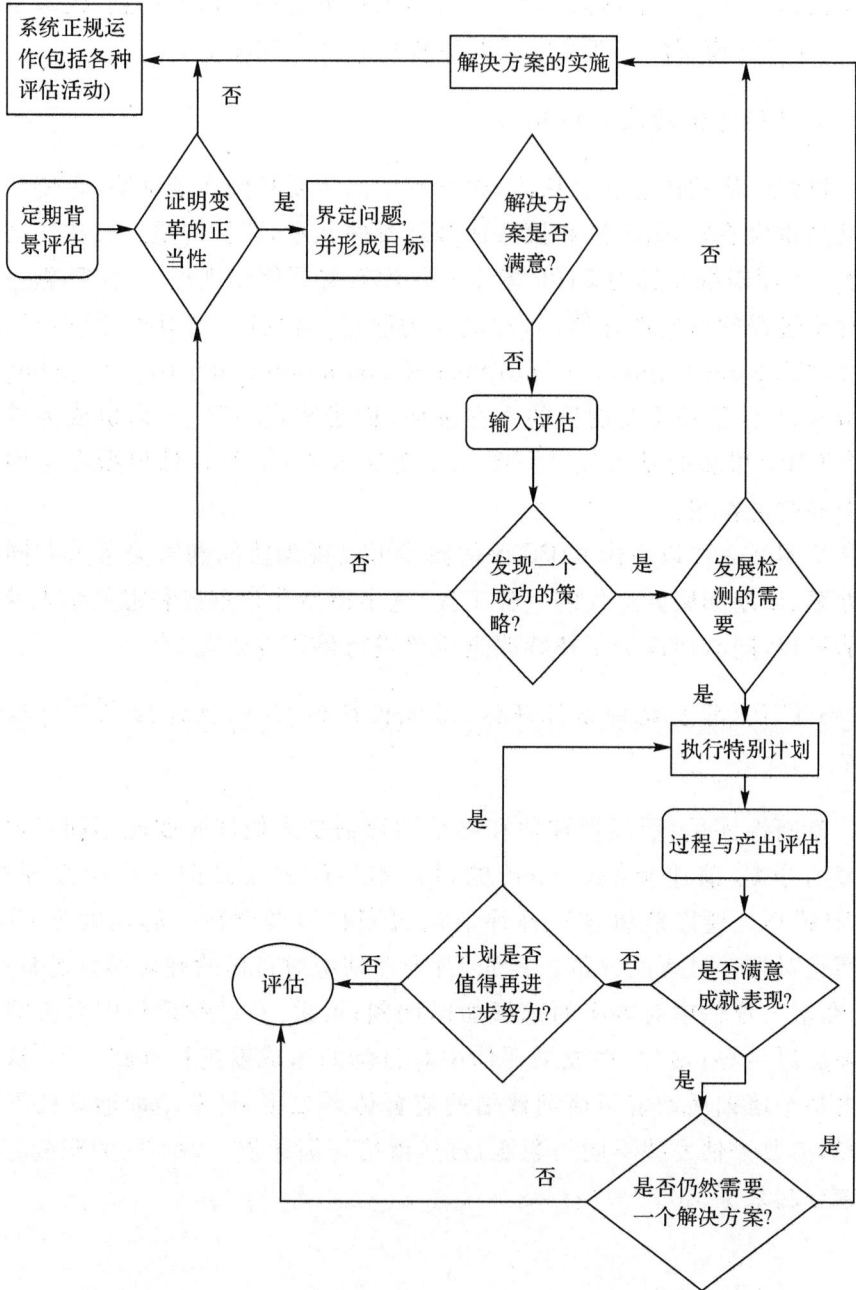

图 2.2　CIPP 评估在有效系统改进中的角色流程[23]

(二)CIPP 模型的缺点分析

1.缺乏价值判断

在整个评价过程中,CIPP 模型更多的是注重描述性的信息,而对活动的各个方面,包括将要做出的决策和将要采取的备选行动方案,则缺乏价值上的判断,因而,有人称 CIPP 模式的评价不能称其为评价活动。[24] 斯塔弗宾自己也说过:"当评估者积极地影响方案的进行时,他们可能由于太过贴身参与,以致丧失某些独立、超然的看法,而无法提供一份客观的、坦率的评估报告。"[23]

2.评估者的独立性不强

CIPP 模式值得称道的地方是它强调了所有方案利害关系人参与到评估过程中去,即强调了评估者和利害关系人必须合作。这本是好事,但正是这种对于利害关系人的强依赖关系,削弱了评估者的独立性,使得评估者在评估过程中容易受到利害关系人思维的影响。如果利害关系人存在妨碍评估进行的动机,评估者就很难完成评估工作,即使完成也会造成结果的失真。在这方面一个很直接的例子是:当评估受政治影响时,评估者就不得不为政治决策服务,甚至需要"作伪证"来满足政治上的需要。

3.使用范围受到限制

CIPP 模型评价的步骤和内容复杂,而且在评价的过程中,需要大量的信息资源、充裕的评估经费和科学的分析技术配合,因此,CIPP 模型评估一般只有那些具有相应专业人士的大型评估机构才能承担,这在一定程度上就限制了 CIPP 模型的使用范围。其次,评价效能的发挥要建立在决策的合理性、决策过程的民主性和公开性基础之上,这对于广泛存在着随意性和不可预测因素的决策过程而言,决策导向模式的使用就受到了很大的制约。[22]

三、对 CIPP 模型的改善

斯塔弗宾的 CIPP 模型由于其独特的研究思路和实用的研究方法,

和柯克帕特里克(Donald L. Kirkpatrick)的柯氏四级评估模型一起被称为培训评估的两个基础模型,与柯氏模型一样,CIPP模型在发展过程中也在不断地完善,其中以斯塔弗宾对CIPP模型自身的完善和沃尔(Warr)等人的CIRO模型为主。

(一)CIPP模型自身的发展

从21世纪初,斯塔弗宾开始重新反思自己的评估实践,感到四步骤的CIPP模式不足以描述和评估长期的、真正成功的改革方案。为此,他对其作出了补充和完善,把成果评估分解为影响(impact)、成效(effectiveness)、可持续性(sustainability)和可应用性(transportability)评价四个阶段,由此构成了7个步骤的评价模式。[25]增加的四个阶段具体阐述如下:[26]

(1)影响评估——对方案到达、影响目标受众的程度作出评价,即评价和判断方案实际服务的对象与计划受益者之间的一致性程度。

(2)成效评估——对方案实施成果的效用性进行评价,即获得受益人及相关人员对于方案的评价结果,鉴别和证明方案对受益人所产生的成效的范围、深度、品质和重要性。

(3)可持续评估——判定某一方案是否可以制度化地循环使用,即判定方案的成功之处是否可以持续地循环下去,找出制约方案可持续实施的关键问题。

(4)可推广性评估——在方案可持续实施的前提下,判定方案在何种程度上可以被应用于其他地方,即调查方案实际和潜在的采用者,收集他们对于方案的看法,判定方案的品质、重要性和可复制性;如果方案可以推广,找出方案需作调整的地方。

通过模型的扩展,使得该模型更强调方案对受益者长久的影响,这样可以更好地诠释评估的全程意义、过程意义和反馈意义。而增加的可持续性评价和可推广性评价使得模型更贴近现实评估的需要,增强了模型的适用性。

(二)CIRO模型

在对CIPP评估模型进行完善的模型中,较为著名的是CIRO模型。

CIRO 模型是沃尔(Warr)、伯德(Bird)和莱克哈姆(Rackham)在 1970 年提出的,主要应用于欧洲,是一个划分评估程序的独特方法。CIRO 是由该模型中四项评估活动的首字母组成的。这四项评估活动是:背景评估(Context evaluation)、输入评估(Input evaluation)、反应评估(Reaction evaluation)和输出评估(Output evaluation),其具体内容如下:[27]

(1)背景评估——审查培训项目运行背景的基本条件,确定培训的需求、培训最终要克服的问题以及实现的培训目标。在这个过程中,又包括三个目标层次。

1)最终目标:培训项目将消除或克服组织内部的特殊缺陷;

2)中间目标:为达到最终目标而需要改变的员工的行为;

3)直接目标:为改变行为而必需的新知识、新技能和观念态度的变化。

(2)输入评估——汇总培训项目可能利用的内部资源和外部资源信息,确定如何以最有效和最经济的方式实现培训目标,为培训投入提供可行性论证。

(3)反应评估——通过收集和分析学员的反馈信息,改进人力资源培训的运作程序,提高培训的有效性。

(4)输出评估——收集培训项目所产生的结果,衡量和解释目标完成情况,并用他们来改进以后的培训项目。沃尔(Warr)等人还指出,要想使输出评估获得成功,必须在培训项目开始之前对培训的预期目标作出尽可能确切的定义和说明,并针对这些目标,选择或构建好评估的标准。[28]

CIRO 模型与 CIPP 模型一样,将评估切入到整个培训活动中去,扩大了培训评估的内涵和外延。而且,CIRO 模型中的背景评估和输入评估同比较先进的系统培训模式相对应,即评估工作随整个培训活动的启动而启动,甚至超前于培训活动,不仅为后续的输出评估提供了必要的依据,而且为项目设计的优化奠定了良好的基础。

第三节　培训收益计量模型

上述众多培训评估模型主要强调评估方法的系统性及全面性,追求评估活动自身的优化和对培训过程的推动作用,同时审定和评估培训活动产生的结果,最终为受训组织实现自己的战略提供培训决策依据。虽然这些模型在评估培训效果时,都能取得一定的成果,但是随着人们对培训理解程度的加深,人们逐渐意识到较低层级(如反应层和学习层)的评估相对容易实现,而较高层次的评估很难完成,并且大多数的评估模型侧重于定性结果的描述,缺乏对评估结果的经济计量评估,满足不了管理实践的需要。所以,自 20 世纪 70 年代至今,培训评估的焦点开始积聚在培训收益计量模型上,诸多研究方法如统计方法、计量经济学方法、财务会计方法等引入了对培训效果评估的研究中,试图评估培训产生的效益到底是多少。这里介绍两种具有代表性的培训收益计量模型。

一、舍贝克(Sheppeck)和科恩(Cohen)的效用公式

目前国际学术界对于培训效果的投入产出分析没有一致的计量方法,而且由于影响培训效果的因素过多,很难量化它们对于培训效果的影响,所以这个方向的研究一直是培训评估研究的薄弱点,[①]但不排除有些专家从实际出发,研究组织培训的投入产出。1985 年,舍贝克和科恩就提出了他们的培训收益函数:

$$培训收益函数 = YD \times NT \times PD \times V - NT \times C$$

其中:YD 为培训对工作产生影响的年数;NT 为接受培训的人数;PD 为接受培训者和未接受培训者在工作上的差异;V 为对工作成绩的货币计算价值;C 为每一位成员提供培训所支出的费用。

这种方法是评估培训效果的一种常用方法,但由于模型中出现的变量很难进行测量,导致该模型的认同度不高。[15]

---

① Colleen Liston. Managing quality and standards. Buckingham：Open University Press,1999.

2001 年 Earl D. Honeycutt Jr.、Kiran Karande、Ashraf Attia、Steven D. Maurer 等四位研究学者在他们发表在 *The Journal of Personal Selling & Sales Management* 上的文章中对销售培训评估进行了创新，即将效用理论和 Kirkpatrick 的柯氏四级评估模型相结合，建立了销售培训评估模型：[14,16]

$$U = (T' \times N')(d_t \times SD_y)(1+V)(1-Tax) - (N \times C)(1-Tax)$$

其中：T' 是培训得到收益的时间的长度；N' 是在考虑的时间范围内，最终留在企业的受训人员数目；d_t 是受训人员和未受训人员工作成绩的差异，$d_t = (X_t - X_c)/SD$ 其中 X_t、X_c 分别是受训人员和非受训人员的工作成绩；SD 是所有销售人员工作成绩的标准偏差；SD_y 是未受培训人员工作成绩的标准偏差，是由以前的工作记录或者由熟悉工作的管理者凭主观估计而得来的；$(1+V)$ 和 $(1-Tax)$ 分别用来调整易变的培训花费和企业税率的影响，这可以用会计的方法计算而来，Boudreau 也为此提供了一个可以查找数值的表格；C 是每一位受训人员培训中所有花费，包括所有直接成本和间接成本；N 是所有参加培训的人数，因为是用来计算培训的花费，所以即使最终的培训成绩不符合标准的或者中间退出的人员都应该包括在内。[16]

与 Sheppeck 和 Cohen 的效用公式相比，这种模型的优越性在于它为一些依靠主观而得来的数据，例如 T'、d_t 及 SD_y 提供了可依据的标准，从而也为更准确地进行培训评估奠定了基础。但是这种方法的缺陷在于它仅仅适用于销售类的培训评估，能否适用于其他类型的评估，还有待研究者的进一步探索。[14,16]

二、菲利普斯(Phillips)的五级投资回报率模型

在现实中，受训组织越来越关注在培训方面的花费会对组织产生怎样的影响。Phillips 也认为："组织以牺牲组织的其他需求为代价来资助培训，如果对培训的结果缺乏应有的衡量，人们就无法对培训所影响的结果做出判断。"[29]然而，令人遗憾的是，大多数评估模型对于培训效果的评估都停留在业务结果的层面上，比如质量的改善、员工满意度的提高、员工离职率的减少等，这些结果固然很重要，但是仍然缺少足够的证据来证明培训给组织带来的收益到底如何。

Jack J. Phillips 作为全球知名的培训评估专家,20 多年来一直致力于研究使用投资回报率(ROI)流程来衡量和评估培训项目的影响力,于 1991 年提出了著名的"五级投资回报率"模型。1995 年,他又与 Ron Drew Stone 一起联手,对投资回报率(ROI)流程做了很多改进。这个目前最复杂也最全面的培训投资评估模型首次将货币价值概念引入到培训评估模型中,不仅使培训效果得到了更强有力的解释,更是开辟了培训评估量化分析的思路,成为后续培训评估研究的典范。下文是对这一模型内容和设计步骤的具体描述。

(一)五个评估级别的具体内容[9,10,21]

第一层:反应和既定的活动评估

这一层级主要评估学员的培训满意程度和培训项目计划实施的情况,衡量的内容包括满意度、行动计划和学员对培训的反应,以及他们对与培训设计和实施有关的各种问题的看法。大多数培训项目都采纳这一级评估的形式,通常用一般的问卷或调查来实现。

第二层:学习评估

这一层级是对学员所学内容掌握程度的评估,衡量的重点在于学员从培训中学到了什么。通常利用测试、技能实践、角色表演、情景模拟、小组评估和其他评估工具,检验学员在培训中所学的内容,评估学员的知识、技能和观念的变化。

第三层:在工作中的应用评估

这一层级的评估是在评估应用和实施效果的过程中,用各种后续跟踪手段来确定学员是否将学到的东西应用到工作实践中。学员使用新技能的频率和有效性是三级评估的重要衡量标准。

第四层:业务结果的评估

这一层级的评估重点衡量学员从培训中所获得的知识和技能是否对业务结果产生了真正的影响。衡量内容通常包括产量、质量、废品率、成本节约、人员流动、时间和顾客满意度等各种结果指标。

第五层:投资回报的评估

这一层级的评估要计算投资回报率,将那些用货币形式来体现的培训收益与培训项目所产生的成本相比较。通常来讲,计算投资回报率运用比较广泛的是下列公式：

$$T_E=(E_2-E_1)\times T_S\times T-C$$

式中：T_E 表示培训效益；E_1 表示培训前每个受训者一年产生的收益；E_2 培训后每个受训者一年产生的收益；T_S 表示培训人数；T 表示培训效益可持续的年限；C 表示培训成本。只有进行了第五级评估，评估的周期才算完成。

按照 Phillips 的观点，五级投资回报率模型中应该存在一条贯穿各级评估的"影响链"（"影响链"指的是学员从培训中学到一些可以应用到工作中的东西，比如新的行为，进而对业务结果产生影响（第四级））。这条"影响链"描述的是评估级别和它们所提供信息的价值，以及评估的频率和难度[29]，如图 2.3 所示。

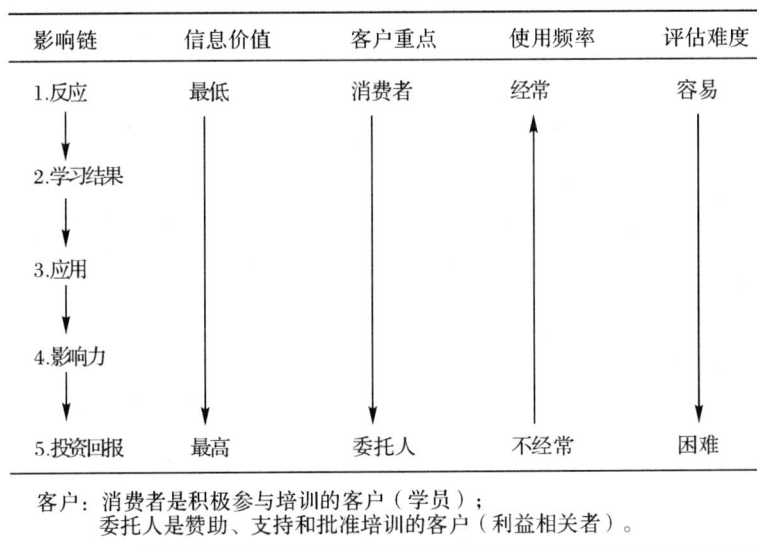

影响链	信息价值	客户重点	使用频率	评估难度
1.反应	最低	消费者	经常	容易
2.学习结果				
3.应用				
4.影响力				
5.投资回报	最高	委托人	不经常	困难

客户：消费者是积极参与培训的客户（学员）；
　　　委托人是赞助、支持和批准培训的客户（利益相关者）。

图 2.3　评估级别的特点[29]

从图 2.3 中可以看出，随着层级的提高，信息的价值逐级提升，使用频率下降，评估难度提高。若要评估某一层级，就必须收集这一层级以及比它低的所有层级的信息，因为只有这样才能保证信息的完整，使最终的结论获得充分的证明。

从图 2.3 中还可以看出，不同的客户对于数据的关注程度是不同的，所需的评估层级也是不一样的。比如说委托人可能对业务效果和投资回报的数据更感兴趣,那么他们需要的评估报告可能就需要做到最后层级——投资回报评估;而消费者可能更多的关注自身素质的提升,那么他们就会对反应、学习和应用更感兴趣,因此他们的评估报告只做到第三层级——应用评估即可。

（二）Phillips 五级投资回报率模型流程概述

这一部分介绍评估培训投资回报的系统方法流程,展示如何获得项目投资回报的具体步骤。通过这样一种循序渐进的评估方法,可以使我们精确地控制每一部分的评估工作。图 2.4 展示了投资回报率模型流程的每一部分。[18,29]

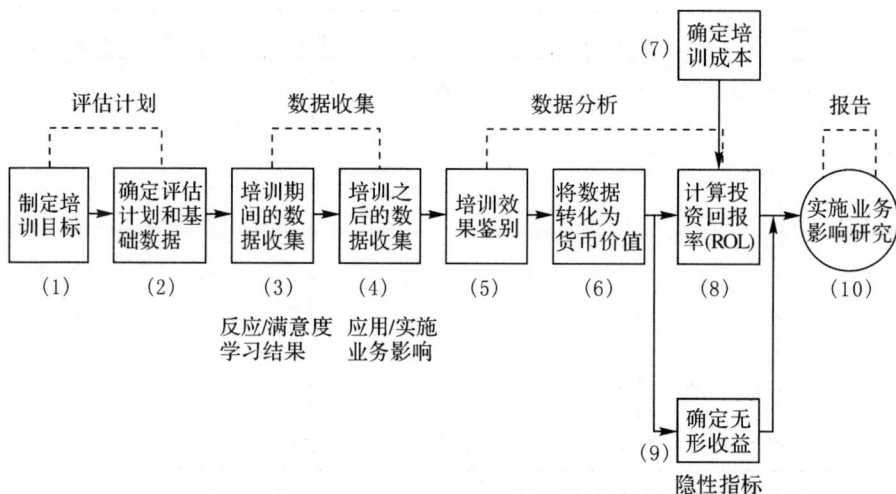

图 2.4　投资回报率模型和流程

第一步:制定培训目标

这一步是整个评估模型衡量的基础,旨在了解项目的背景、范围以及被影响的业务指标。在制定培训目标的时候应该首先根据需求分析,获得利益相关者对于培训的预期期望;然后以预期期望为基础,制定培训应该达到的最终目标;最后将目标依次分解,制定各级评估目标(反应/满意度目标、学习目标、应用/实施目标、业务影响目标、投资回报率目标)。从评估角度出发,这一步是给整个培训评估活动提供了一个基础,以便后续可以在每一层级上对培训项目的成功程度进行评估。

第二步：制定评估计划和基础数据

一份好的项目计划是项目获得成功必不可少的因素，培训评估亦不例外。因此，在整个流程开始运作之前，就应该确认研究的目的和适当的评估策略。在这一阶段主要应该确定两类评估计划：数据收集计划和投资回报率分析计划。

数据收集计划是规划文件中最初部分的内容，当评估的目标和衡量指标确定下来时，数据收集计划就已经确定了下来了。[21]数据收集计划应该确定（四个级别的）衡量范围、数据收集方法、数据来源和数据收集时间，以便收集基础数据和跟进数据。[29]

投资回报率计划将决定用于对数据进行分析的方法。这个计划包括对培训效果的鉴别、将数据转换成等值的货币价值、计算培训的成本费用以及确定无形的收益。[29]

第三步：培训期间的数据收集

在这个阶段培训活动业已完成，这期间的数据收集主要是为第一和第二级评估服务。Phillips认为，在收集这两个级别数据的过程中，评估者往往并不一定总是参与其中，但是他们应该从其他人那里获得充足的信息（尤其在第二级），来满足对特定级别的培训评估工作进行研究的需要。[29]

第四步：培训后的跟进数据收集

这个阶段的工作是为了满足第三和第四级评估的需要，具体数据收集的方法和时机应该参照第二步中指定的数据收集计划。在整个投资回报率模型流程中，这个阶段是至关重要的阶段，因为如果这个阶段收集不到数据，就无法进行业务影响研究。

在这一阶段由于评估项目的差异（比如培训项目的种类、有关人员的合作意愿、组织中存在的障碍、数据的可获取性、收集数据的成本以及数据的准确程度等[29]），应该根据需要选择合适的方法。Phillips经过二十多年的实践研究，认为在这一阶段主要的数据收集方法如表2.5所示。

表 2.5　培训结束后的数据收集方法

	第三级	第四级
1.跟进民意调查	√	
2.跟进问卷调查	√	√
3.在岗观察	√	
4.跟进访谈	√	
5.跟进座谈会	√	
6.与培训有关的课外任务	√	√
7.行动计划/改进计划	√	√
8.绩效合同		√
9.培训项目跟进课程	√	√
10.绩效监控		√

第五步:培训效果鉴别

我们在前面的叙述中遇到过这样一个问题:即当培训完成后,受训组织的某些绩效指标确实发生了变化,但是培训评估却找不到足够的依据来证明这些变化是由培训带来的。Phillips 在他的模型中给我们作了回答,虽然这种回答不能完全甄别组织绩效的变化是否由培训带来,但是也给我们提供了一些鉴别培训效果的思路。

Phillips 认为总体结果的改善可能是由外部因素、管理层的关注、奖励、体系/程序的变化以及培训项目共同构成,因此鉴别培训效果的第一步是确定对绩效产生影响的因素,这一点可以从客户、培训学员、中高层管理者等多个维度进行分析、总结。第二步是选择鉴别策略。Phillips 将鉴别策略分为 10 种,分别是:控制组、趋势线分析、预测方法、学员提供的评价、主管提供的评价、管理层提供的评价、客户的意见、专家的评价、下属的意见、其他因素的影响。[29]在选择策略的时候,他认为应该根据项目的特点和策略的可行性(有可能安排控制组的活动吗?)、策略的准确性(是否可以确定非培训因素对产出指标的影响?)、策略的成本等一系列因素来进行考虑。

第六步:将数据转换成货币价值

将那些受培训项目影响的业务结果的数据转换成货币价值对于确定

投资回报率(ROI)是十分必要的。Phillips 模型认为此阶段的工作应该注意以下事项:

(1)区分硬数据和软数据

硬数据是指那些非常客观、易于衡量和转化的传统指标,如产出、质量、成本等。软数据是指主观性较强、难以衡量和转化的"软性的"变量,如员工满意度、客户满意度等。

(2)选择合适的策略

Phillips 认为适合进行此阶段分析的策略包括将结果转换为贡献、转换质量的成本、转换员工的时间、使用历史成本、使用内部和外部专家、使用来自外部数据库的数据、使用学员提供的估计数据、与其他衡量指标相结合、使用主管和精力提供的估计数据、使用培训人员提供的估计数据等10 项。[29]在选择使用策略来进行价值转换的时候,应该考虑策略与数据的匹配性、数据的可获得性和便利性、策略的优劣排序、是否需要策略组合等一系列问题。

(3)对数据进行调整

这里涉及两方面数据的调整:一是对于软数据的调整。由于这些数据具有明显的主观性,而且测量方法也可能不精确,因此管理层或评估者经常对此类数据进行分析分解,使数据更加可靠。二是对于货币时间价值的调整。由于投资期和回报期的时间具有明显的间隔,因此将他们直接进行对比是不科学的,应该使用现金流折现的方法对货币价值进行调整,使他们处于同一期内进行比较。

(3)转换一个衡量单位的价值[29]

根据 Phillips 的理解和描述,将数据转换为货币价值的过程应该遵循以下步骤:

1)确定改进的衡量单位,即培训所影响的衡量指标是什么,比如销售额的提高、离职率的降低等。

2)确定每个衡量单位的价值(V),即一单位衡量指标的变化所带来的成本节约或效益提高是多少。

3)确定绩效水平的变化(ΔP),即衡量指标发生了怎样的变化。

4)计算改进的价值($V \times \Delta P$)。

第七步:确定培训成本

在计算培训项目投资回报率的过程中最重要的因素就是恰当地确定培训项目的成本。[21]在确定成本的过程中应该充分注意成本的分类。Phillips模型充分利用表格实现了成本的分类和累计计算。在培训项目中,需要考虑的成本项目如表2.6所示。

表 2.6　成本类别[29]

成本项目	比例成本	消耗成本
需求评估	√	
设计和开发	√	
采购	√	
实施		√
• 薪水/福利—培训人员		√
• 薪水/福利—协调人员		√
• 培训项目材料和费用		√
• 差旅/住宿/餐饮		√
• 设备		√
• 学员的薪水/福利		√
• 接触时间		√
• 差旅时间		√
• 准备时间		√
评估	√	
日常管理费用/培训与开发	√	

第八步:计算投资回报率

这一步是为了完成第五级评估,具体工作就是将收益与成本进行比较,得出收益成本率和投资回报率。由于计算投资回报率的内容已在前述步骤中列出,这里不再赘述,仅仅列出计算公式。

收益成本率: $BCR = \dfrac{收益}{成本}$

投资回报率(ROI): $ROI = \dfrac{净收益}{成本} \times 100\%$

第九步:确定无形收益

大多数成功的培训项目,除了获得有形的货币收益之外,还能带来一定的无形收益。一般来讲,无形收益分为两大类,即行为变化(第三级评估)和业务影响(第四级评估)。[29]行为变化类的无形收益包括团队合作的改善、组织承诺和沟通的加强等;业务影响类无形收益包括员工满意度、客户满意度等。

虽然无形收益有的时候并不能转化成货币形式的收益,或者在转化过程中消耗的成本过大,但是无形收益对于组织文化等核心竞争力建设的作用是巨大的。因此,在评估中,应该将无形收益与货币收益放在同等重要的地位。

第十步:实施业务影响研究

实施业务影响研究是为了证明培训的效果,最终确定培训对组织的贡献,是整个 Phillips 模型的最后一步。这一阶段是对整个培训活动的总结和回顾,一般要出两份报告,一份简单,用来给管理层进行宣讲;一份详细,适合其他的利益相关者。

实施这一步的主要内容是呈现项目的财务数据和非财务数据,评价项目的成功和失败之处,目的是为了积累培训项目经验,为后续培训项目的执行和推广做准备。

通过上文可以看出,培训评估理论模型的历史发展有三条研究路线(如图 2.5 所示):一条是以柯克帕特里克(Kirkpatrick)提出的评估思想和方法为主的"终结性评价";一条是以斯塔弗宾(D. L. Stufflebeam)提出的评估思想和方法为主的"过程性评价";还有一条是侧重对评估结果进行经济计量分析的培训收益计量模型。后来者的研究基本没有跳出这三条路线组成的框架,所进行的改变和创新也大多是对这三条路线的丰富和补充。

在对上述模型进行了分析后,我们分析了这些模型与本次研究课题的适切性。在综合了本次课题的特点及各个模型的优缺点之后,我们认为仍然需要采取柯氏模型作为我们的应用模型,其主要是根据以下思考:

第一,从上述分析可以看出柯氏评估模型虽然是一个较早的评估模型,而且后世对其进行了大量的修正和完善,但是我们发现,遵循柯氏评估理论的思想在培训绩效评估学界是奠基性的,其对于评估层次的划分是具有时代性的,这也成为后来培训绩效的主要评估依据。无论是考夫

```
                    ┌──────────────┐
                    │ 培训评估理论模型 │
                    └──────────────┘
           ┌───────────────┼────────────────┐
           ▼               ▼                ▼
  ┌─────────────────┐ ┌──────────────┐ ┌──────────────┐
  │ 斯塔弗宾          │ │ 柯克帕特里克    │ │ 培训收益计量模型 │
  │ (D.L.Stufflebeam)│ │ (Kirkpatrick)的│ │              │
  │ 的CIPP模型(1965)  │ │ 柯氏四级评估模型 │ │              │
  └─────────────────┘ └──────────────┘ └──────────────┘
           │               │         ┌────────┴──────┐
           ▼               ▼         ▼               │
  ┌─────────────────┐ ┌──────────────┐ ┌──────────────┐
  │ 沃尔(Warr)、伯德(Bird)│ │ Hamblin的五层次 │ │ 舍贝克(Sheppeck)和│
  │ 和莱克哈姆(Rackham)的│ │ 评估模型(1974)  │ │ 科恩(Cohen)的培训效│
  │ CIRO模型(1970)    │ │              │ │ 用公式(1985)    │
  └─────────────────┘ └──────────────┘ └──────────────┘
                    ┌────┴────┐   ┌────┴────┐
                    ▼         ▼   ▼
          ┌──────────────┐ ┌──────────────┐
          │ 考夫曼(Kaufman)的│ │ 菲利普斯(Phillips)的五级│
          │ 五级评估模型(1994)│ │ 投资回报率模型(1991)  │
          └──────────────┘ └──────────────┘
```

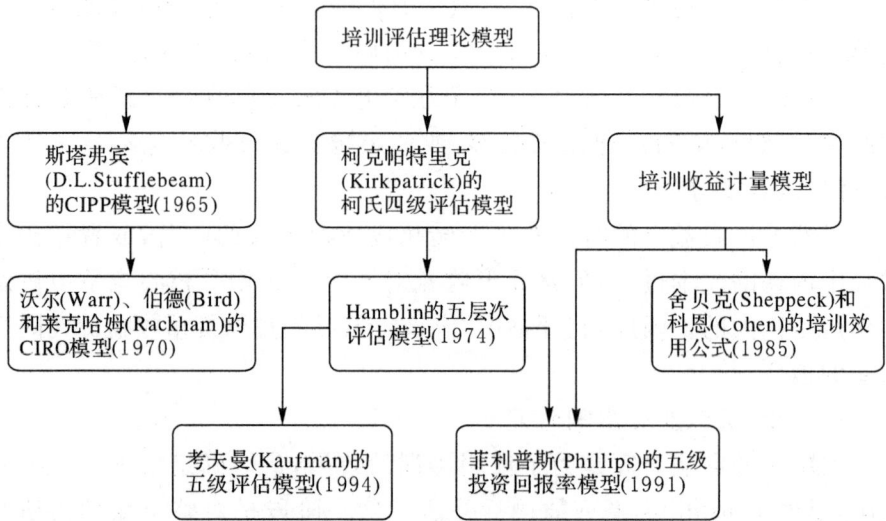

图 2.5 培训评估模型的发展路径

曼的五级评估模型还是菲利普斯的五层次投资回报率模型,在理论认识上都没有超越柯克帕特里克,他们只是在评估范畴和评估方法上作了一定的改进。而现在的绩效评估技术日益成熟,绩效评估手段更加多元化,因此将这些技术、手段与柯氏评估模型进行新的结合不仅可以让评估有了理论依据,勾画出清晰的分析脉络,而且可以使柯氏评估模型迸发出新的生命力,推进柯氏评估理论的发展。

第二,我们此次研究课题的干部教育绩效培训大多以短期课程或分阶段课程为主,因此不能充分采取互动的形式将评估活动切入到培训过程当中,因此若采取 CIPP 过程评价模式,信息的收集会受到限制。由于无法充分收集各方面的信息来及时反映培训的效果,对评估进行改进,也就无法体现 CIPP 模型的过程性。而柯氏评估模型则避免了这一问题,其本身的要求是事后评价,这就留给我们足够的时间去回访,去收集评估需要的信息,而且柯氏模型虽然是"终结性"评价的代表,但是其并不是没有体现过程性改进的思想,其对于评估层次的划分本身就是基于过程改进的考虑,只不过没有 CIPP 模型的方法表现的强烈。通过评估信息的反馈,我们依然可以在下一轮进行的培训中对培训做出适当的改进。

第三,政府的成本和效益本身就是一个难以界定的概念,由于政府作为公共服务的供给者,其不能追求成本—效益的最优解,往往需要通过经济上看来无效的支出来换取社会管理的效益,而且公共支出的效益在短期内可能无法显现,这样就造成了对政府成本—效益分析的困难,也是我们这次课题研究中舍弃菲利普斯五层次投资回报率模型的原因。我们本次研究采用柯氏评估模型,对于培训效果的评价侧重于政府行政效率的提高,这样就相对简化了对于培训效果的要求,增加了培训评估的可操作性。另外,政府行政效率与政府管理绩效之间存在高度的相关性,行政效率的提高往往会带来政府治理水平的提升,也就体现了干部教育培训的效果,这样也增加了我们培训评估的可靠性。

综上所述,我们本次评估仍然沿用柯氏评估模型,并在柯氏模型的基础上延伸其评估层次的内涵,引入先进的评估方法和手段,力争在做好本次研究的同时,对于评估理论和方法也做出一定的改进。

第三章　干部教育培训绩效评估
的理论与实践

　　我们党始终把干部教育培训作为党和国家事业发展全局中的一项重要工作。早在 1938 年,毛泽东同志就指出:"政治路线确定之后,干部就是决定的因素",必须善于关心、使用、爱护干部。改革开放以后,各级党委政府更是将干部教育培训推上了一个新的台阶,在各个系统中广泛推行。《2010—2020 年干部教育培训改革纲要》明确要求各级政府要将干部教育培训经费列入年度财政预算,随着财政收入增长逐步提高,保证干部教育培训工作需要,并于 2012 年在全国普遍推行教学质量评估制度。呼应党中央的东部深化改革开放、中部崛起、东北振兴、西部大开发的战略,各区域在干部培训绩效评估上也作了不少的探索,以更好地推进发展进程。本章选取了东部的江苏省苏州市、中部的湖南省湘潭市、东北的吉林省辽源市、西部的陕西省西安市作为案例加以研究。

第一节　湘潭市财政系统公务员培训绩效评估考察

　　财政部门是主管财政收支、财税政策、国有资本金基础工作的宏观调控部门,是政府组成部门之一,对国家发展起着举足轻重的作用。随着与社会主义市场经济要求相适应的各项财政配套政策的出台和各种新兴管理方式和管理技术在实践中的应用,财政部门加强对财政干部的培训,使广大干部能尽快更新观念,以应对各种挑战。

　　经过十余年的发展,我国财政系统已率先在公共职能部门中建立了"统一领导、归口管理、分级负责、分类培训"的岗位培训管理机制,并初步在全国财政系统构建了一个从上至下的岗位培训体系,财政干部教育培训工作近年来取得了显著的成效。[30]同时,为了全面掌握培训情况,提高培训质量,各地纷纷制定规章制度,加强培训绩效评估,进行了不少有益的设想。位于我国中部的湖南省湘潭市便是一例。

湘潭市位于湖南中部,地处湘江中游,为全国甲类开放城市。总面积5015平方公里,总人口293万,其中市区人口78万。与长沙、洙洲组成的长洙潭城市群被列为全国重点支持发展的七大城市密集区之一以及"资源节约型和环境友好型"社会综合配套改革试验区。[31]

近年来,湘潭市财政系统转变思想观念,开阔知识视野,注重倡导良好学风,提高干部综合素质,加强队伍建设。从2007年起,市财政局以河北涿州培训基地、湘潭大学商学院为依托,从公共财政的理论前沿和依法理财的高度,精心设计教学计划,内容涵盖财政业务知识、工作方法培养及其完善、沟通与协调能力培养及其增强、依法履行职责等四个模块9个专题,涉及财政、法律、管理、礼仪、心理学等多个专业领域[32],并建立了培训示范基本建设活动。同时,谋划健全财政系统公务员培训效果评估机制,及时征求学员意见完善培训流程,强化培训与晋升的关联。

一、培训绩效评估主体的选择

2007年,湘潭市财政系统将培训教育转包给河北涿州财政培训基地承担,以区域经济学为授课核心内容,包括公共部门人力资源管理、专业外语、计算机运用与提升等几门自选课程。[33]

培训绩效评估主体的选择借鉴360°评价法,力争使主体多元,富有层次性。

第一层次的主体主要有劳动人事科、培训基地和评估机构。首先,财政局的劳动人事科向河北涿州培训基地发出培训请求,并指导培训基地根据该请求拟定相应的课程,确定相关师资,核准整体培训教育工作规划。同时,劳动人事科还建立评估机构审查管理制度,按照已建立的审查制度对候选的评估机构进行机构实力调查以及评估考核,向符合条件的机构发出培训请求,并制定相应考核制度,从制度上指导它们构建评估体系。而培训基地和评估机构分别实施评估,并向劳动人事科反馈结果。这三者共同制定评估规划。它们主要在培训前与培训中发挥作用。

第二个层次的主体主要有劳动人事科、受训人员和外部专家组。一方面,劳动人事科要求受训人员提供培训各环节的意见和建议,以此确定下次的培训是否仍将继续使用该培训组织。另一方面,劳动人事科向外部专家发出请求,邀请他们根据不同部门的培训特点制定相应的考核方案及考核工具,运用科学的评估程序对相应部门进行考核,这可以与受训人员的信息形成互补,提高培训评估的信度和效度。受训人员和外部专家的效果反馈也会输送给培训基地和评估机构,形成另一条沟通渠道。与第一层相比,劳动人事科、受训人员、外部专家构成了评估主体的第二层,它们的作用发挥侧重在培训后。

劳动人事科在评估主体的两个层次中均出现了,可视为其发挥了组织领导者的角色。

二、培训绩效评估指标的设计

财政系统公务员培训绩效评估采用柯克帕特里克四层次,即反应—学习—行为—结果模型进行。

反应层的二级指标主要有培训师资、培训教材、培训方式等。培训师资的选择十分重要,指标设计时应着重考察师资结构是否是理论专家和实践专家相结合,一般层次专家和高层次专家相结合。具体而言,理论专家主要是一般高校教师,实践专家是财政部门或相关部门工作过的领导以及企业中的资深管理人员,高层次专家是财政研究领域的专家和学者。"相结合"指的是不同授课专家组合的比例必须是科学、合理的,符合教学实际的。培训教材选择的考察应着重注意以下几个方面:一是出版社和作者的权威性;二是教材内容是否符合培训的需求,是否与财政工作实际相联系,是否广泛涵盖财政工作全部过程,是否体现我国财政改革新的发展方向,是否适应学员的能力与水平。对相同的教学内容运用不同的教育手段会带来截然不同的结果,因此在培训方法选取的考察上,要考察是否结合教学内容及受训人员的个体因素等实际情况有针对性地选取不同的培训方法,避免重复性和机械性。

学习层作为整个四层次评估模型中最为基础的一个环节,主要是考察在整个培训过程中受训人员直接感知的一些因素对培训施加的影响。其二级指标主要有政治水平、管理水平、外语水平和专业知识。政治水平指标主要考察授课内容是否涉及马列主义、毛泽东思想和中国特色社会主义理论,是否涉及中共十七届历次全会的精神、中央经济工作会议的精神及财政部全国电视电话会议的精神等。管理水平指标着重考察授课内容是否涉及财政部门工作人员所必备的现代管理理论,如公共管理理论、财务管理理论、人力资源管理理论等。外语水平指标主要考核授课内容是否涉及外语,是否培养一般的听说读写能力,是否培养满足财政部门自身业务需要的专业外语能力。专业知识的传授是财政系统培训区别于其他部门培训的最主要方面,指标应着重考察教师授课是否讲授财政文化、财政业务、财政战略、财经动态,是否做到国内与国外兼顾,是否反映最新的发展动向。

　　行为层展现的是学员经过培训,自我消化和吸收后的行为,二级指标有德、能、勤、绩、廉。德的考核中主要看学员是否能坚持正确的思想,是否忠于国家和人民及中国共产党,人的品行是否高尚等,概括来说主要由政治、道德、伦理、心理品德等几个方面构成。[33]"能"主要是指通过不断的学习、培训、实践等特定行为方式对于个人综合素质、业务技能、领导天赋等方面的提升,对于财政部门而言,应着重考察学员的一般行政能力、业务能力及个性能力。一般行政能力主要有政治鉴别能力、组织领导能力、语言表达能力、文字写作能力、识才用才能力、应对突发危机能力等,业务能力主要指处理财政业务、进行公共财政管理的能力,个性能力主要指创新、学习、心理调适等。[30]指标"勤"可以通过上班出勤情况、会议签到情况、大型活动主动参与性等方面来考察。"绩"指的是通过培训在工作数量、工作质量、工作效率等方面的提升情况。财政部门作为一个资金流通密集的部门,必须加大对"廉"指标的考核,可主要测评学员思想道德。

　　结果层考查的是是否达到组织培训计划的最终目的以及设计相关改进和纠正措施,为来年培训计划的实施提供数据支持,二级指标有工作完成率、服务质量、公众投诉率、组织凝聚力等。工作完成率指标需考察培训前后工作效率的变动情况。服务质量、公众投诉率则考察一段时间内,该学员工作获得公众的评分等级及接受到的投诉信数量等。组织凝聚力主要考察组织内是否形成一系列的团队以及团队内部的合作度。培训绩效评估指标简表如表 3.1 所示。

表 3.1　培训绩效评估四层次[33]

评估目标	一级指标	二级指标	标　准
公务员培训效果评估	反应层	培训师资	类型、级别、岗位
		培训教材	新颖、实际
		培训方式	现代、多样
	学习层	政治水平	掌握各项方针政策
		管理水平	掌握现代管理理论
		外语水平	比培训前是否提高
		专业知识	运用到实际工作
	行为层	德	职业道德、社会道德
		能	业务水平、组织领导能力
		勤	出勤率、工作积极性
		绩	工作数量、工作质量、工作效率
		廉	廉洁自律
	结果层	工作完成率	完成工作计划程度
		服务质量	服务质量是否提高
		公众投诉率	投诉是否减少
		组织凝聚力	是否形成团队机制

三、培训绩效评估的实施

1.赋予指标权重

依据层次分析法,并通过德尔菲法,由专家指导建立递阶层次结构模型,而后构造培训绩效评估体系所有判断矩阵。层次单排序、总排序及一致性检验后确定的各指标特征向量即为培训绩效评估指标权重(见表 3.2)。

表 3.2　指标权重[33]

评估目标	一级指标	权　重	二级指标	权　重
公务员培训效果评估	反应层	0.071	培训师资	0.085
			培训教材	0.131
			培训方式	0.357
	学习层	0.135	政治水平	0.208
			管理水平	0.235
			外语水平	0.132
			专业知识	0.28
	行为层	0.36	德	0.212
			能	0.144
			勤	0.13
			绩	0.406
			廉	0.108
	结果层	0.434	工作完成率	0.285
			服务质量	0.409
			公众投诉率	0.285
			组织凝聚力	0.121

2.指标得分计算[33]

湘潭市财政系统在河北涿州财政教育基地参加培训的人数共计100人,在此次培训效果调查中,通过电话访谈、外部调研法、历史调查法等方式从中随机选取了80人,这80人的性别、学历、职务、年龄等情况较好地反映了参训100人的总体情况,具有代表性。对这80人发放调查问卷,回收有效问卷75份,回收率和有效率均达到93.75%。

根据指标权重表,进行运算可得:

(1)反应层

$$R = (0.085, 0.131, 0.357)$$

$$\begin{bmatrix} 0.2 & 0.6 & 0.2 \\ 0.2 & 0.5 & 0.3 \\ 0.1 & 0.7 & 0.2 \end{bmatrix} = (0.1643, 0.5372, 0.1131)$$

（2）学习层

$$B_2 = (0.208, 0.235, 0.132, 0.28)$$

$$\begin{bmatrix} 0.02 & 0.44 & 0.49 & 0.05 \\ 0.02 & 0.42 & 0.49 & 0.07 \\ 0.02 & 0.39 & 0.52 & 0.07 \\ 0 & 0.42 & 0.46 & 0.12 \end{bmatrix} = (0.02, 0.48, 0.42, 0.08)$$

（3）行为层

$$B_3 = (0.212, 0.144, 0.13, 0.406, 0.108)$$

$$\begin{bmatrix} 0.06 & 0.31 & 0.5 & 0.13 \\ 0. & 0.38 & 0.56 & 0.06 \\ 0.06 & 0.25 & 0.56 & 0.13 \\ 0 & 0.25 & 0.63 & 0.12 \\ 0 & 0.25 & 0.63 & 0.12 \end{bmatrix} = (0.02, 0.28, 0.58, 0.12)$$

（4）结果层

$$B_4 = (0.121, 0.185, 0.285, 0.409)$$

$$\begin{bmatrix} 0 & 0.28 & 0.47 & 0.25 \\ 0. & 0.41 & 0.41 & 0.18 \\ 0. & 0.31 & 0.51 & 0.18 \\ 0 & 0.31 & 0.57 & 0.12 \end{bmatrix} = (0, 0.33, 0.51, 0.16)$$

$$E = E(B) = B_i H, \text{并用等差打分法 } b_j = \frac{100(n+1-j)}{n}, j = 1, 2, \cdots, n$$

设优为 75～100 分、良为 50～75 分、中为 25～50 分、差为 0～25 分，即 $H = \{100, 75, 50, 25\}$，各项指标得分如表 3.3 所示。

表 3.3　各项指标得分

二级指标	得　分
培训方式	62.25
培训教材	74.35
培训师资	55.65
政治理论	60.75
管理水平	58.75

续表

二级指标	得　分
外语水平	58.75
专业知识	59
德	57.5
能	58
勤	56
绩	53.25
廉	53.25
工作完成率	53.25
服务质量	54.75
公众投诉率	55.75
组织凝聚力	50.75
一级指标	**得分**
反应层	60.75
学习层	59.5
行为层	55
结果层	54.25

四、培训绩效评估的特点与经验

采用柯克帕特里克四层次模型全方位设计培训绩效评估的指标对培训绩效进行定量评估是湘潭市财政系统公务员培训绩效评估设想的特点。从结果来看，绩效评估在一定程度上反映了培训的实施情况。由得分表可知四个一级指标层中反应层面的得分是最高的，达到 61%。这与涿州基地提供的培训质量较高有关。而学员对培训中外语的学习评价一般，这与外语学习的特点，即需要长期坚持不懈的学习有关。行为层中的"廉"的得分偏低，则反映了廉的培育只凭课程讲授是远远不够的，它与学员自身及整个制度环境有密切的关系。当然，由于我国公共部门培训绩效评估还处于初级阶段，再加之财政系统的专业性，所以，培训绩效评估设想还存在许多操作上的困难与局限，很难完全准确地反映培训原貌。

评估中可能存在的误差包括受训者自身的误差、培训评估标准的制订误差、培训效果评估中不可控的误差以及财政系统的性质导致系统本身及其受训人员的相关测试不能完全定量化评估而带来的误差等。

总的来说,湘潭市财政系统公务员培训绩效评估设想,对于干部教育培训的绩效评估具有重要的指导意义。它在培训绩效评估主体的选择、培训绩效评估的方法、培训绩效评估的指标遴选等方面均有助益,能帮助探索建立一个符合中国特色的干部培训体系。具体而言,这些经验有:

1.培训绩效评估主体的多元化

从内部来说,这主要指的是受训人员的上级与同事以及受训人员自身;从外部来说,即为公众以及培训机构。特别是在构建服务型政府的过程中,政府服务的重要对象即为公众,因此吸纳他们的意见很有必要。将内部评估与外部评估相结合,针对不同的培训对象,设计不同的培训评估方案,这样才能提升培训的整体效果。

2.培训绩效评估方法的多形式

定性评估与定量评估均有其固有的局限,因此,根据培训学员所在部门的性质,将定性评估与定量评估相结合,对不同岗位和部门,对不同的培训计划,赋予定性评估与定量评估不同的占比,从而拟定综合的培训效果评测方法,体现在调查问卷中,即为既要有定性的问题,也要有定量的利克特量表。

3.培训评估指标的科学化

指标设计应尽量做到专业部门和一般部门并重。从本案例的指标设计中不难看出作为政府组成部门之一,某部门的培训绩效评估指标设计在相当程度上与其他部门具有一致性。但对于财政系统等具有专业性的系统而言,应在遵循培训评估基本原则的基础上,借鉴相关系统的经验,并根据自身的特点,建立一套反映本部门特色的指标体系。从培训过程角度看,培训绩效评估要覆盖培训需求、培训目标、课程内容、培训方法、培训环境、培训实施、培训结果等各环节;从培训对象角度看,要按照《公务员法》的相关规定,考虑到不同类别的公务员工作性质与内容的不同,设计相应的指标体系,建立分层分类的公务员培训效果评估指标有利于公共部门培训效果评估朝着正规化、科学化的方向发展。

第二节　辽源市党政领导干部培训绩效评估研究

　　培训是一个包括需求分析、课程设计、培训实施和培训绩效评估等内容的系统流程,培训绩效评估是其中的重要组成部分。党政领导干部培训的绩效评估是指通过科学的方法对领导干部的个体行为和内在素质进行分析和评测,对领导素质的各个组成要素进行分析和评价,从而评价领导干部素质和能力培训的效果。[34]随着我国干部培训的大规模展开,干部培训日益受到各级各部门的广泛重视,但对培训绩效评估的认识仍很肤浅,主要表现在评估实践的科学化与体系化较低。这既是由培训绩效内在的滞后性与间接性特点造成的,也与我国绩效评估理论研究进展迟缓密不可分。吉林省辽源市在加强基于绩效评估的党政领导干部培训效益评价研究方面做了一定的探索。

一、党政领导干部培训绩效评估理论阐述

1.绩效评估的概念

　　绩效评估(performance appraisal)就是按照员工所在岗位的绩效标准对其最近时间段或过去时间段的工作表现进行评估。目前常从四个维度(4E)来制定绩效标准,即经济性(Economy)、效率性(Efficiency)、效果性(Effectiveness)和公平性(Equity)。[35]经济性维度侧重完成某项工作所花费成本的考量,效率性维度侧重单位时间内的工作成果的考量,效果性维度侧重工作质量的考量,公平性维度侧重机会、效果和努力在组织群体中合理分配程度的考量。绩效评估既可以是显性的,如具体的考核,也可以是隐性的,如行为表现认同。辽源市党政领导干部培训绩效评估指显性的考核,且侧重经济性维度的考察。

2.绩效评估方法

运用经济学方法对绩效进行评估,也不失为一种新的思路。根据《国际评估准则》的论述,评估方法主要有成本法、市场法、收益法三种。

成本法建立在这样一个假设基础上,即作为购买某特定资产的替代选择,人们可以去建造一个与该资产相同的或具有相同功能的资产。市场法又称市场比较法、销售比较法,是指通过对与被评估资产相似或可替代的资产的分析,以及对购买方为类似资产或可替代资产所愿支付的购买价格的分析,采用必要的比较程序,估算被评估资产的价值。收益法又称收益资本化法或收益现值法,是通过分析被评估资产的相关收入和成本费用,将未来收益折现或资本化为估算价值。收益法的理论基础在于预期原则,即资产的价值是由其预期的未来收益决定的。根据上述定义,在培训绩效评估中,更适用的是成本—收益法。

成本从广义上说是企业对所购买的生产要素的货币支出。在经济学中,企业的成本应该从机会成本的角度来理解。机会成本是生产者所要放弃的使用相同的生产要素在其他生产用途中所能得到的最高收入。总成本是显成本和隐成本之和。简言之,显成本是购买外部要素的实际支出,隐成本是使用自有要素的支出。[36]与成本相对应的是收益。收益在经济学家尔文·费雪看来,有三种形态,分别是精神收益、实际收益、货币收益。

运用成本—收益法对干部培训绩效进行效益评价,就必须进行成本论分析,厘清培训成本、培训收益的内涵。

二、党政领导干部培训的成本与收益

党政领导干部的培训成本指的是在培训中,为了培养一定熟练程度的后备干部和专门人才,以及提高现有干部与专门人才的素质而耗费的资源的价值的总和。培训成本可作多种类型的划分,从所有权属性看有社会和个人之分,从定义角度看则有机会成本、显成本、隐成本之分。

社会显成本指的是国家为领导干部培训以货币形式支付的成本,包括培训机构的设立和运营成本、培训教师的酬劳、培训场地器材的购置与使用费用、异地考察培训的接待费与差旅费等,通常是以财政拨款、财政投入的形式出现。[37]据报载,近年来,党政干部出国(境)学习、培训的热潮悄然兴起。某省3年中有54名厅局级、1325名县处级党政领导干部,到欧美发达国家接受为期3个月以上的培训。该省还在新加坡一所大学培训了1090名官员,在香港等地也有一些培训项目。与此同时,还有一些省市(包括经济相对落后的省市),也纷纷推出领导干部出国学习的计划,而且人数越来越多,规模越来越大。据调查,我国官员在美国哈佛大学3周的培训费用为20万元。[38]由此可见,干部出国培训的显成本非常大,加之这些干部在国内的培训成本,不难推算出,干部培训的社会显成本惊人。

社会机会成本指的是国家放弃这笔培训成本而用在其他地方的所能得到的最高收入。目前,我国的财政支出结构争议较大。将这笔不小的支出用在包括科技、教育、卫生、社会保障、环境保护等代表社会共同利益和长远利益的公共性支出,从而改善长期以来财政预算安排中属于社会公共性的支出预算不尽如人意的状况,是否更符合现代市场经济条件下国家财政支出结构的潮流,是否能取得更好的收效是值得商榷的。

个人显成本指的是领导干部为了参加培训以货币形式支付的成本,如额外的交通费、额外的购书费、额外的饮食费用等。

个人机会成本指的是领导干部由于参加培训而丧失了参加其他活动可能获得的最高收益。这收益包括精神收益,即参加活动可能带来的精神满足。

培训收益是培训活动给国家、社会及领导干部自身带来的好处。这个好处大多不能以货币形式表现,因此,党政领导干部培训中不宜直接使用收益概念。造成这个情况的原因主要是由教育培训的内生局限造成的。教育培训的绩效具有的滞后性与间接性导致收益难以衡量,培训的成本和收益难以进行直接比较。当然,这也与培训对象——党政领导干部的特殊性有密切的关系。党政领导干部培训后带来的效益更多是制定惠及社会的各类政策,它不同于一般的教育培训收益,它对社会发展、经济发展、政治发展带来的影响难以把握。而对于领导干部自身的收益,如职务晋升、待遇提高等也难以直接关联,许多培训外不可控因素的存在会干扰培训收益的估量。因此,可以采纳更具操作性的绩效评估来代替培训收益,从而进行成本—绩效分析。

三、党政领导干部培训项目的成本—绩效分析

培训项目的成本—绩效分析可以借鉴美国波士顿咨询集团研发的业务组合矩阵 BCG 矩阵(BCG matrix)。BCG 矩阵将公司业务标在一个 2×2 矩阵中,横轴是市场份额,纵轴是预期的增长率。根据预期的增长率和市场份额高低的不同组合,公司业务可归类为明星、鸡肋、问号、瘦狗四种。BCG 矩阵提供了一个框架,有助于企业理解多元化业务和帮助管理者建立相应的资源分配战略。[39]

BCG 矩阵应用在培训项目评估中时,也需建立一个 2×2 矩阵,横轴是培训成本,由低至高,纵轴是培训绩效,由低至高。根据培训成本和培训绩效高低的不同组合,培训项目可归类为四种,如图 3.1 所示。

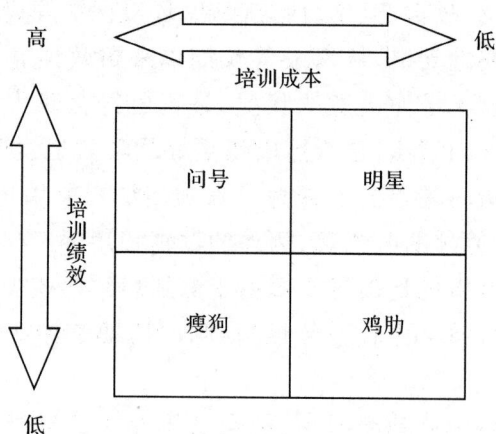

图 3.1　培训项目 BCG 矩阵

• 明星:落在第一象限,这些培训项目成本低,绩效高,是高性价比的项目。

• 问号:落在第二象限,表明该培训项目培训绩效高,但培训成本也很高,应予以考察选择。

• 瘦狗:落在第三象限,表明该培训项目培成本高,但绩效低,应停止继续开发。

• 鸡肋:落在第四象限,处于这个范畴的培训项目不产生或不消耗大量资金,但也没什么成效。犹如鸡肋,弃之可惜,食之无味。

对于不同象限的培训项目,应运用不同的战略手段。瘦狗项目应被出售或清算,因为它们的成本高,绩效低,实在无继续开发的价值,与此相类似,鸡肋项目虽然成本不高,但绩效较低,如果无增长的潜力与深度开发的可能,那么此类项目也应少开展,以便把主要精力投身于问号项目和明星项目。对于培训机构来说,最难作出开发决策的是问号项目。问号项目虽然绩效较高,但其开发成本之高会阻止不少人的行动,因此,应进行深入的分析,探察其是否有成本降低的可能,探察其成本是否是培训机构所能承受的,结果可能是一部分项目被保留,另一部分项目则进行出售或与其他机构合作开展。明星项目由于其成本低、绩效高,备受欢迎,培训机构可以进行推广,以达到受惠于大量培训人群的目的。但是,培训机构也不应忽视一个重要的现象,即许多其他同类机构会争相模仿明星项目,带来的重复性导致明星项目沦为鸡肋项目。如何保持明星项目的竞争优势是值得培训机构思考的。

四、党政领导干部培训绩效评估的实施

运用成本—绩效分析来评估党政领导干部培训项目情况,在我国培训实践中运用不多。2007年上半年,吉林省辽源市政府联合同济大学国际文化交流学院的专家利用自制的问卷、绩效考核记录等对该市三个厅局级党政领导干部培训项目情况进行了试验性评价。

辽源位于吉林省中南部,因是东辽河的发源地而得名。其面积为5140平方公里,其中城区面积46平方公里。截至2010年,全市总人口130万,其中城区人口50万。辽源历史悠久,文化底蕴丰富,区位条件优越,具有良好的自然资源、农业资源与矿产资源,交通基础建设扎实,具有活跃的经济、稳定的社会,因而被誉为“东北小上海”,两度被国家确定为资源型城市经济转型试点。目前,辽源正牢牢抓住政策机遇,着力转变经济发展方式,致力打造吉林省中南部区域中心城市。

近年来,辽源市牢固树立大教育、大培训理念,把干部教育培训作为事关振兴发展全局的先导性、基础性、战略性工程来抓,不断提高各级干部抓发展、促和谐的能力。2010年,依托域内外培训基地,有计划地举办市管干部轮训班、自主选学班等各类培训班近十期。同时,加大教育培训经费投入,创新教育培训方式方法,改进培训工作考核机制,进一步增强

干部教育培训工作的统筹性、针对性和实效性。

1.培训绩效评估对象[40]

选取的 2007 年培训项目共有三个。甲项目主题为农业与农村经济,受训对象为分管农业工作的厅局级干部,共计 37 人;乙项目主题为安全生产,受训对象为分管安全生产工作的厅局级干部,共计 57 人;丙项目主题为知识产权,受训对象为分管知识产权的厅局级干部,共计 48 人。

此外,各项目在培训时间、培训方式等方面也略有差异。

2.评估对象的成本与绩效[40]

甲项目的培训成本为每人 5500 元,乙项目的培训成本为每人 4300元,丙项目的培训成本为每人 2200 元。

绩效评价采用柯式模型,培训前需事先制定一份统一的问卷,让受训者参与训前测试,成绩计为 A。评估模式共有四个步骤:(1)反应层测试,即培训后受训者立即参加统一的问卷考试,成绩计为 B;(2)知识层测试,即测试受训者培训前后的变化,该测试侧重知识评价,成绩可用 B—A 计算;(3)行为层测试,需编制评价问卷,收集训后回到工作岗位半年的领导干部对培训效果的评价,成绩计为 C;(4)结果层,需对领导干部的德、能、勤、绩、廉作全方位的评价。最后,绩效总评成绩用 B+B—A+C 计算。

经上述四个步骤的考察,甲项目的绩效总评分为 190.3 分,乙项目的绩效总评分为 175.7 分,丙项目的绩效总评分为 163.4 分。

置三个培训项目于培训项目 BCG 矩阵,取绩效总评分均值 176.5 分和培训成本 4000 元作为中轴线,即可发现,甲项目为问号项目,乙项目为淘汰项目,丙项目为鸡肋项目。

由此可见,是否适合开展某项目培训项目,取决于培训成本、培训绩效、培训方式、培训时间等多重因素。

五、党政领导干部培训绩效评估的特点与经验

辽源市党政领导干部培训绩效评估的最大特点是,运用成本—收益分析方法来评估培训成果,这让组织者能清晰地发现培训项目成效的高低,从而选择净收益最大的培训项目,优化培训项目的配置。

成本—收益分析在西方发达国家的公共决策领域中已经得到广泛的运用并取得显著成效,但在我国尚处于起步阶段,存在一些局限:如数据获取难,培训成本与培训收益这两个数据都很难准确获得,特别是培训收益由于难以货币化,而用培训绩效进行代替,会由于个体主观认识等原因,造成计算口径和方法不一,造成培训项目之间比对的障碍;配套方法少,由于成本—收益分析的应用往往需要其他规范方法的配合,而我国的党政领导干部培训过程缺乏这一系列的配套方法,将使得成本—收益分析难以完全奏效等。

辽源市运用成本—绩效分析方法评估党政领导干部培训绩效,给考察党政领导干部培训项目运营情况提供了新的思路。它在设计培训内容、预算管理、培训成果转化等方面起到了很好的导引作用。

1.科学设计培训内容,选择最优项目

辽源市的实践给干部培训绩效评估传递了一个重要的信号,即将培训成本与培训绩效结合考察,能较为有效地提升培训项目的质量。把培训项目的成本和绩效加以比较,选择绩效高、成本低的项目,这是培训项目安排和选择的必要条件;再在这些绩效高、成本低的项目中,选择那些净收益最大(即位于矩阵第一象限右上角)的项目,这是培训项目安排和选择的充分条件。该项净收益最大的项目也被称为最优项目。

最优项目必定是科学设计培训内容,符合党政领导干部需求的,符合政府职能转变、经济社会形势调整的,符合党政领导干部认知水平的。具体而言,培训前要做好受训者需求分析。不同级别、不同性质部门的领导干部需要接受的培训内容各不相同,即使是同一级别、同一性质部门,甚至是同一位领导干部在不同时间、不同地点、不同形势时需要接受的培训内容也各不相同。党委、政府发展的现状也会影响培训内容。目前,我国正面临着经济结构调整、发展方式转型升级、创新社会管理、深化文化体制改革、推动社会主义文化大发展大繁荣等许多复杂的问题,因此培训内容也需紧紧吻合这些议题。最后,每个党政领导干部的文化水平、从政经历等都有差异,培训项目的安排上要尽量因人而异,使差异不大的干部安排在一起上课,做到组内差异小,组间差异大,另一方面,要使培训内容与受训干部的层次相当。

2.加强培训预算管理,控制培训成本

辽源市的实践表明控制培训成本的重要性,因此,必须在培训绩效评估指标设计中加入培训成本这一维度。培训经费为培训提供了必要的物质基础。如果经费不足,那么教学材料、教学环境、教学设施、教学管理与服务等各环节都会出现缺陷,不仅会严重挫伤授课教师的积极性,也会严重影响受训者的认真态度,进而大大影响最终的培训绩效。相反,如果开支过高,则会由于成本超出了培训组织方所能承受的限度,进而影响其他培训项目的开展。所以需要加强培训预算管理,使培训既能达成目的,实现初衷,又能成本低位运行,机构顺利运行。

3.加强培训绩效管理,促进培训成果转化

辽源市的实践突出了培训绩效的考核。培训的最终目的还是使受训者掌握必要知识,提高技能,并在实践中加以运用,为提高政府运行效率及使政府提供的服务更有效果作出贡献。由于培训绩效具有潜在性与间接性,即培训中学到的知识与技能,必须加以实践才能转化为生产力。因此,受训者所在单位应积极将受训者学到的成果进行后续跟进和延伸。比如,可以组织培训精神传达会,受训者将培训学得的知识与感受分享给其他同事,一是让那些未参加培训的人员也能"身临其境",有所获,二是在单位中传递学习型组织文化,鼓励单位更多的人参与培训或自学,有所求。总之,所在单位应想方设法创造条件,促进培训成果转化。

第三节　苏州市干部教育培训绩效评估研究

顾客满意度理论在 20 世纪 90 年代初的西方出现,并于时隔 5 年后传入我国。顾客满意度起初伴随工商管理的营销理论发展,后来逐渐受到公共部门的重视,并把它应用于政府绩效评估、培训绩效评估中,取得了良好的成效。顾客满意度思想的发展与应用领域的延伸,揭示了社会对消费者主体地位的认可,对其主动性发挥的培育。

一、干部教育培训绩效评估的理论导引

1.顾客满意度理论

"顾客"是顾客满意度的测评对象。ISO 9000 中对顾客的定义进行了完整的解释："接受产品的组织和个人"，即凡接受或可能接受任何单位、个人提供商品和服务的个人和单位都称为顾客。[41]由于"商品"和"服务"的定义可作广义理解，因此顾客有外部顾客和内部顾客之分；而按时间序列考察，顾客又有过去顾客、现在顾客、潜在顾客之分。一般意义上，顾客就是指外部顾客中的最终消费者。根据 ISO 9000 的定义，顾客满意指人的一种感觉状况水平，是顾客对其要求已被满足程度的感受，"要求"包括产品要求、质量管理要求和顾客要求。顾客满意是顾客"要求"达致的必要条件。在此基础上，不难推得顾客满意度的含义。顾客满意度即为对顾客满意的测量，是"要求"达致情况与其期望值比较的程度。顾客满意度的测量是个复杂的过程，需设计多个层面的指标。

顾客满意有以下几层意涵：

(1)实行"站在顾客立场上思考"，组织重视顾客和问题。

(2)将顾客视为主要资产，顾客的拥有与否，决定了组织资产的增值与否。

(3)顾客满意即组织目标，工作的重点在于达成顾客的合理期待和愿望。

(4)建立组织与顾客之间的长期有效互动，针对顾客的需求，提供有针对性的服务，工作和管理方向以顾客需求分析为基础。

2.顾客满意度的测量模型

要研究基于顾客满意度理论的干部教育培训绩效评估模型，必须首先了解顾客满意度在其他相关领域的应用模型。最初的顾客满意度测量模型主要针对企业—消费者的关系设计，按时间先后顺序，有 SCSB 模型、ACSI 模型和 ECSI 模型。后者都是在继承前者主要架构和核心概念的基础上有所创新而成。如 ESCI 模型认为企业形象、顾客期望、感知质量、感知价值均会导向顾客满意。其中，企业形象直接影响顾客满意，顾

客期望可以通过影响感知质量和感知价值后再影响顾客满意,也可以直接影响顾客满意。

在上述三个模型的基础上,国内一些学者探索建立了学校顾客满意度模型和政府公共服务的顾客满意度测量模型。这两个模型都能对培训绩效评估的顾客满意度模型的建立起到指导作用。

在学校顾客满意度模型中,感知质量分为感知主观质量和感知客观质量。感知主观质量包括教学计划、实验条件等;感知客观质量包括教学沟通、课后指导、后勤服务等。学校形象会直接影响感知质量(感知主观质量和感知客观质量)和感知价值,感知质量和感知价值再直接影响顾客满意。这意味着,学校形象不会直接影响顾客满意。而在政府公共服务的顾客满意度模型中,其基本结构与其他顾客满意度模型相同,但对"感知质量"这一维度增添了若干个质量因子,如政府管理社会的效果、政府行政服务的效率、公务员的素质、政府服务的效能、经济服务指标、政府行为合理化水平等。

目前,干部教育培训绩效评估的顾客满意度模型几乎为空白,但其建立一定是基于上述几个模型之上的。

二、干部教育培训绩效评估的实施

把教育培训视为产品时,顾客满意度即指受训者对培训机构提供的培训是否满足自身要求的一种主观感受量化描述。在培训绩效评估中,顾客满意度或曰学员满意度,包含对培训机构的总体满意度、对培训环境的满意度、对培训质量的满意度、对培训后勤保障的满意度等多个维度。运用顾客满意度理论对培训绩效进行评估,能保证评估质量的科学化与准确化,并使评估结果较好地反馈于培训项目,并进一步对受训者、受训者所在的组织、所在组织输出的服务等施加一连串的良好影响。下面以苏州市的干部教育培训绩效评估设想为例进行分析。

苏州是我国的历史文化名城和重要的风景旅游城市,是长江三角洲重要的中心城市之一,位于江苏省南部,东临上海,南接浙江,西抱太湖,北依长江。苏州经济实力雄厚,2010年全市生产总值初步核实为9168.9亿元,高居中国大陆城市第五位以及全国地级市首位。按2010年常住人口计算的人均GDP则达到了8.81万元,已经成为全国人均产出最高的城市之一。[43]

近年来,苏州市大规模培训干部,仅"菜单式"选学讲座就举办了 539 场,有 33.5 万人次参加,先后制定出台了《苏州市县处级干部学习培训学分制考核管理暂行办法》《苏州市干部教育培训质量评估办法》《2011—2015 年苏州市干部教育培训规划》等一系列制度、规划,有力推进了干部教育培训工作的科学化、制度化和规范化的进程。

运用顾客满意度理论,干部教育培训绩效评估的流程由以下几部分构成:首先,组建由专家学者和受训者参加的干部教育培训绩效评估小组;其次,采用各种形式,了解受训者需求,并在此基础上确定顾客满意度指标;再次,运用各种干部绩效培训评估方法进行绩效评估,获得分值;最后,将前轮评估获得的信息反馈给有关部门,培训机构作相应改进与调整。该流程如图 3.2 表示。

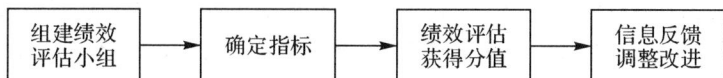

组建绩效评估小组 → 确定指标 → 绩效评估获得分值 → 信息反馈调整改进

图 3.2　顾客满意度方法评估干部教育培训绩效的流程

1.干部教育培训绩效评估小组的组建

该小组由培训机构的上级主管部门组织建立。小组成员由第三方(专家学者)和顾客代表(学员代表)组成。上级主管部门的存在是评估小组的合法性来源,而专家学者和学员代表的参与则是评估小组专业性、客观性、公正性的来源。

具体而言,评估小组由苏州市委组织部组织,从苏州市人力资源和社会保障局抽出负责绩效考核的人员与苏州大学等高校的专家及学员代表共同组成评估机构,来进行具体的评估活动。同时,为了更好地进行成本—收益分析,还考虑了一些专业机构的介入,比如会计师事务所。

2.确定顾客满意度指标

经过调查后认为培训绩效评估应覆盖培训的前、中、后三个环节,即培训需求评估、培训过程评估、培训效果评估。三个评估均需突出"顾客"的地位。

　　培训需求评估除了要进行培训方案和培训评估的可行性分析以确认培训及培训评估就是否应当开展,更重要的是对学员在培训活动前的状况进行相应的考察。一是了解他们的培训需求,保证培训的针对性、可操作性和有效性,二是便于比较培训前后个体的表现变化。

　　培训过程评估是监控具体的培训执行过程。主要包括培训对象的参与状况、培训内容、培训进度和中间效果、培训环境、培训机构、培训人员。[44]直接调查培训学员对培训进程的满意度,可以保证学员广泛、积极地参与培训,及时根据实际情况,调整培训计划。

　　培训效果评估是最为关键的部分。从顾客满意度角度来看,该部分的指标设计应指向两个群体的满意度,一是学员,二是社会公众。学员作为培训的直接参与者,自然应考虑其受益情况,而学员所在的政府部门在"服务型政府"建设的背景下,应着重考察学员受训带来的服务效率与效果上的改善。具体来说,指标设置有:学员角度的包括工作能力的提高、工作效率的提高、职位晋升和薪酬上调;社会角度主要体现在群众满意度、社会公平的实现、社会保障制度的完善和公共服务水平的提升等方面。[44]对应于收益,也有成本的考察。从个人角度看,主要有交通费用、工资减少等;从社会角度看,主要是政府的财政支出,这是一笔较大的开支。

　　将这 3 个评估所含指标有机组合,借鉴了柯式模型,如表 3.3 所示。

表 3.3　苏州公务员培训评估层级[44]

层　次	评估内容
反应层	受训人员对该项目的满意程度及建议
学习层	受训人员在技能、知识掌握方面的变化
行为层	受训人员行为、知识、技能的改变
结果层	组织和部门效率的改变
社会效益层	对社会公众所带来的影响
投资回报率	比较收益的货币价值和培训成本

3.绩效评估获得分值

反应层的数据获取,一般可以采用问卷调查的方式;对于学习层的数据获取,一般可以采用笔试、案例研究的方法。行为层、结果层的数据难以获取,在苏州市的实践中处于缺失状态。社会效益层一般可以采用内外部专家估计、培训项目管理人员和参与人员估计等方式。

成本的计算难度较大,常用的指标有分析成本、开发和采购成本、实施成本(辅助人员的工资和福利、协调者的工资和福利、项目材料和费用、旅行/住宿/食品费用、会议/培训实施费用、参与者的工资和福利、参与者/替代者的费用、产出的损失)、运营成本(参与者及辅助人员的工资和福利、项目协调者的工资和福利、项目经理的工资和福利、供应、材料、设备和实施成本、旅行/住宿/食品、外部服务)、评估成本、管理费用。[44]

$$投资回报率 = \frac{项目收益}{项目成本} \times 100\%$$

4.评估结果反馈

由前三步获得的绩效评估得分,首先是向市委组织部汇报,为以后的培训决策提供依据;其次向培训机构反馈,使其能够完善培训项目的开发;最后就是在合适的时间、合适的范围、合适的方式通过媒体向社会公布评估结果,使其他培训机构借鉴经验、吸取教训,也能使群众明晰培训效益,监督政府行政。

三、干部教育培训绩效评估的特点与经验

苏州市吸纳顾客满意度理念,对干部培训绩效进行评估,具有重要的意义。顾客满意度理论的核心是对人的重视。运用顾客满意度理论对干部教育培训绩效进行评估,反映了世界各国政府改革的发展趋势,能促进培训机构转变教育理念,提升培训水平,能使市场化的顾客思想深入学员心中,并能进一步增强学员所在组织的服务意识,更好地满足外部顾客的要求。而满意度需运用的定量评估,能有助于完善干部教育培训工作的细节。所以,通过绩效评估反映出干部教育培训的状况更加精确也更加细化,将评估结果反馈到干部教育培训的实践也更容易操作。[45]同时,在

绩效评估过程中，受训者作为主体的参与，能克服其他人员对干部教育培训的偏见，使评估结果的信度和效度提高。

然而，作为定量评估的一种，顾客满意度在测评中不可避免地要过多依赖于数据。数据的可获取性与准确性将明显制约干部培训绩效评估的效果，这是一个内在的局限。

苏州市干部教育培训绩效评估的设想为干部教育培训日趋完善提供了下列启迪：

1. 反映世界各国政府改革的发展趋势

20 世纪 70 年代以来，世界各国兴起了政府的市场化改革，将政府与公众的关系嵌入到生产商—顾客的模型中，其最终目标是为企业和公众提供高效优质的服务，不断满足他们的需要。顾客导向之于公共管理领域，表明组织应对顾客真正负起应有的责任，对民众提供更广泛的选择，创造更多公平的机会，使组织产出符合大众的需求。

顾客满意度理论在干部教育培训绩效评估应用这一生动的实践意味着培训机构这一生产商，它服务的对象是学员这些外部顾客。只有当培训机构提供的培训能不断满足学员的需要时，并让他们感知到质量和价值所在，培训机构提供的培训才是有效的，学员才会满意。因此，"顾客满意度"是衡量培训机构提供的培训绩效的最好指标。因此，基于顾客满意度理论上的干部教育培训绩效评估，反映了当今世界各国政府改革的发展趋势。

2. 注重顾客满意度与培训机构的关联

苏州市的设想表明，对于培训机构而言，学员满意度是影响培训机构进一步发展的非常重要的因素，因为学员在学习过程中获得的愉快心情以及与授课老师、其他服务人员建立起的友好关系，都会导致学员继续在该培训机构学习。因此，运用顾客满意度理论来调查培训绩效就显得非常必要。根据顾客满意度的影响机理以及评分调查的结果可以为干部培训机构提供针对性的建议。弄清楚培训机构在教学、环境、班级联系员等方面哪一块做得比较好，哪一块做得比较差，能有的放矢地进行改进，避免过分依赖某一因素，或盲目改变某一因素，进而比较高效地提升培训绩效与促进机构发展。在此理论指引下,培训机构以成本效益为基础的效率标准,转变为对培训质量以及学员评价的重视,从消极的学员管理理念转变为获取学员认同和为其提供积极的服务。

3.重视学员行政理念的转变

采纳顾客满意度理论对干部培训绩效进行评估,可以在无形中给学员灌输顾客至上的理念,促进学员行政理念的转变。因此,有必要在指标设计中增添顾客满意度对学员训后行为的影响。

人作为政府中最有活力的因素,决定了服务型政府的建立,必须首先转变公务人员的观念。学员在培训中获得的顾客满意度等理论都会内化为自己的思想,并带入组织,促使其他公务人员理念的转变。通过培训前后顾客至上理念无形或有形的学习,能使每一位学员不断给自己施加压力,实现由对特定"功能"、"权威"、"结构"的服从到对"使命"、"服务"、"顾客"的高度认同的转变,在思想和行动上把顾客(人民)呼声作为第一信号,把顾客(人民)利益作为第一追求,把顾客(人民)利益作为第一标准,增强服务意识、公仆意识,实现从管理者向服务者角色的思想转变,改变旧有的服务方式,"想公众之所想,急公众之所急",形成正确的以民为本的行政服务理念。

4.重视政府服务质量的改善

苏州市的设想表明,学员在培训中接受的顾客满意理念,会推动整个部门组织文化的改变,为建设"服务型政府"打下坚实的基础。"服务型政府"是在公民本位、社会本位理念的指导下,在整个社会民主秩序的框架下,通过法定程序,按照公民意志建立起来的以公民服务为宗旨并承担着服务责任的政府。[46]所以政府服务的宗旨是最大限度地为公众服务,该内容也应在指标设计中得到体现。

顾客满意度延伸到学员所在的部门,意味着公众(顾客)是政府服务结果的直接享用者,那么公众自然是最合适的政府服务的评估主体。政府可以通过顾客满意度指数模型得出的结论,找出政府服务过程中的症结所在,从而以人民的需要和价值作为行动指导,使公共资源的投入与执行政策的过程能达成顾客期望,一改以往一条鞭式的管理,转而寻求服务质量改善,以获得民众支持与认同。[46]

除了对外部顾客——人民服务质量的改善,顾客导向的政府也能改善对内部顾客——为民提供具体服务的公务员的服务质量的改善,从控制员工变为获取员工认同,从法规强制变为公务人员自主性的建立与认同,从墨守成规变为创造行为的激发。

第四节 西安市公共部门培训绩效评估研究

公共部门是一个庞大的系统。按照我国学者陈振明的定义,公共部门是以管理社会公共事务、协调社会公共利益关系为目的的部门,既包括政府部门,也包括逐渐发展起来的非营利组织(nonprofit organization, NPO)。[47]而公共部门培训是指培养和增进前述部门成员的知识、技能和能力的过程。目前,公共部门中政府部门的培训主要依据 2003 年原人事部下发的《关于进一步加强国家公务员培训质量评估工作的意见》、2005年颁布的《中华人民共和国公务员法》和《2010—2020 年干部教育培训改革纲要》等一系列法律规章、政策文件。而非营利组织的培训除了本单位自己组织的培训外,更多的是纳入民政管理部门统一组织的活动中,本节不详述。

一、公共部门培训绩效评估的理论指引

由于公共部门处理的事务涵盖广泛的经济、社会等领域,因而支撑其培训绩效评估的理论涉及许多学科。典型的理论主要有以下几个:

1. 新公共管理理论

新公共管理是一个多维度的概念,其基本内涵为政府改革和发展的方向是通过行政改革进行自我解构,全面引进私营部门的管理模式,塑造"企业型政府"。[48]

新公共管理倡导将"企业家精神"引入政府部门,改造行政文化。这意味着企业管理思维应成为培训的重要内容。公共部门培训要重点增强广大学员的灵活反应,讲求效率,注重质量、服务水平、创新能力等理念。

因此,培训绩效评估也应着重考评学员上述能力的提升情况。

新公共管理重视行政结果。传统的公共部门遵循一系列刚性的规则和程序开展活动,造成了活动成本高、资源消耗率大的缺陷,已无法适应快速发展的信息时代要求。因此,有必要转向注重结果和产出的价值取向,实现向任务驱动型公共部门的转变。培训绩效评估不能只停留在传统的学员个人这一单独的考评对象上,要指向组织绩效这一更高的层面,围绕学员培训后带给组织解决问题、创造价值的能力而展开。

新公共管理主张竞争机制,即重视人力资源的开发与管理,在政府内部广泛推行绩效管理,创造量化绩效评定、奖惩等各类合用的方式和技术方法。公共部门培训绩效评估要与激励约束机制紧密相连,建立健全组织人事部门内部干部培训工作与干部管理工作之间的沟通协调机制,把培训效果作为选拔任用的重要依据,把学习培训情况作为任职考察的重要内容。

2.学习型组织理论

学习型组织(learning organization)这个概念由美国学者彼得·圣吉于 1990 年提出,简言之,就是拥有不断学习、适应和变革的能力的组织。在学习型组织中,组织的物理边界得以削弱,所有组织成员都积极参与到与工作有关问题的学习、识别与解决中,信息共享与工作协作变得普遍。[39]公共部门培训引入学习型组织理论意味着,学员要通过培训增强主动学习、创新学习的意识,掌握系统思考、团队合作的真谛,实现培训、学习和工作的有机融合。

2009 年,党的十七届四中全会鲜明地提出建设马克思主义学习型政党、建设学习型党组织。这是贯彻学习型组织理论的生动实践。面临着建设学习型党组织的新形势、新任务,公共部门培训必须及时跟进,构建符合理论要求的培训需求分析、策划、课程、管理、实施、监控体系,特别是通过过程评估和事后评估,着重考察学员学习和合作能力,加强培训绩效评估体系建设。

3.科学发展观

科学发展观是胡锦涛总书记在 2003 年 7 月省部级干部专题培训班

上提出的重要思想。科学发展观包括 5 个内涵,即以人为本的发展观、全面发展观、协调发展观、可持续发展观。科学发展观的第一要义是发展,核心是以人为本,基本要求是全面协调可持续性,根本方法是统筹兼顾。发展,指的是要牢牢抓住经济建设这个中心,不断解放和发展生产力;以人为本,指的是要始终实现好、维护好、发展好最广大人民的根本利益;全面协调可持续性,指的是要推进经济建设、政治建设、文化建设、社会建设,促进现代化建设各个环节、各个方面相协调;统筹兼顾,指的是要妥善处理好个人利益和集体利益、局部利益和整体利益、当前利益和长远利益之间复杂的关系。[49]

在科学发展观的导引下,公共部门培训绩效评估应在指标设计、评估方法、评估制度等多方面符合科学、发展的思想。具体而言,要选择合宜的评估时间,选择合宜的评估方法,从干部培训学习、培训后行为、组织效益等多个维度设计指标,选择上级、同级、受训者、下级等复合主体作为调查对象,并设计完善相关配套制度。

二、公共部门培训绩效评估的框架

西安市是陕西省的政治、经济、文化中心,辖 9 区 4 县,总面积 10108 平方公里,城市建成区面积 369 平方公里,常住人口 843.46 万人。西安经济发展迅速,产业兴旺,其高新区已被国务院确定为六个创建世界一流科技园区的开发区之一,经济开发区全力打造泾渭工业园千亿元制造业基地,曲江新区是两个国家级文化产业示范区之一。[50]

2008 年以来,西安市根据中央要求,大规模轮训党政干部,且由市委干教办组织检查组,实地检查培训情况,建立和完善干部培训绩效评估机制。

根据公共部门培训绩效评估过程中所涉及的元素,西安市干部培训绩效评估设想中的基本框架具体有:培训绩效评估的机构和对象、培训绩效评估的目标和原则、培训绩效评估的方法、培训绩效评估的内容、培训绩效评估的指标体系设计。

1.培训绩效评估的机构与对象

由于公共部门的培训基本为系统内部培训,因此,培训机构与评估机构合一。根据 2005 年颁布的《中华人民共和国公务员法》的规定,公共部门培训的机构主要有党政系统机构和社会行业机构两种。其中,党政系统机构力量颇为庞大。

西安市公务员培训的主办单位是西安市委组织部干部教育处和西安市政府人事培训中心。西安市的施教机构主要有:以市委党校为主阵地,以西安文理学院培训基地和西安市广播电视大学培训基地为两翼。一般公务员培训的评估工作由西安市人事培训中心和市行政学院共同承担,组成评估实施小组,负责培训评估的具体实施工作。西安市干部教育培训评估由西安市干教办和市委党校共同承担,建立西安市干部培训评估中心。[51]

评估对象一为学员,二为培训项目本身。从学员角度而言,2007 年前每年评估对象达到 4000 人,其中县处以上 800 人。2008 年的评估调研组中的受调查学员涉及市属 8 个部门与 7 个辖区,局级以上干部逾100 人,处级以上干部逾 700 人。从培训项目角度而言,则覆盖了各期长短培训班。

2.培训绩效评估的原则和目标[52]

根据《2010—2020 年干部教育培训改革纲要》的精神,公共部门培训绩效评估的基本原则可概括为:

(1)坚持服务大局、以人为本。适应经济社会发展需要,围绕党和国家工作大局谋划和推进改革,突出学员在学习培训评估中的主体地位,强化培训与评估的需求导向,真正做到科学发展需要什么就培训什么,学员成长缺什么就补什么,更好地为科学发展服务、为学员成长服务。

(2)坚持改革创新、竞争择优。在继承党的干部教育培训工作优良传统和成功经验的基础上,以改革促动力释放,以创新促活力增强,以竞争促资源盘活,以择优促质量提升,实现公共部门培训绩效评估工作科学发展。

(3)坚持联系实际、学用结合。认真研究解决公共部门教育培训中学用脱节、学风不正的问题,把理论素养、学习能力作为绩效评估的重要依据,形成推动培训机构联系实际办学、教师联系实际教学、学员联系实际真学的机制。

（4）坚持质量第一、注重实效。将提高教学质量和培训效果作为谋划、推进和评价改革的基本要求，贯穿于改革的各个环节和各个方面，实现公共部门培训规模和质量、效益相统一。

根据《纲要》精神和国人部发〔2003〕44号文件精神，公共部门培训绩效评估的宏观目标可概括为：建立健全与中国特色社会主义事业相适应，与建设马克思主义学习型政党要求相符合，与干部人事制度改革相衔接，更加开放、更具活力、更有实效的中国特色公共部门培训绩效评估体系。具体目标是：围绕加强公务员队伍能力建设，以不断提高公务员培训质量和公务员队伍整体素质为目的，建立和完善培训质量评估指标体系和标准，逐步实现公务员培训质量评估工作的科学化、规范化和制度化。

3.培训绩效评估的方法

为了科学地检验培训成绩，提高培训的针对性，必须选择一种合适的评估方法。西安市公共部门培训绩效评估准备采用的评估方法可作定性方法和定量方法之分。定性方法有观察法、访谈法、目标评价法等；定量方法有问卷调查法、考试考核法等。

（1）观察法。公共部门培训绩效评估中的观察法指的是在培训情景中对学员的学习情况进行有目的、有计划的系统观察和记录，然后对所做记录进行分析。施测主体既可以是学员的领导或授课者，也可以是同时参训的人员。

（2）访谈法。公共部门培训绩效评估中的访谈法指的是教师、受训者所在机构负责人等通过与受训者之间的口头交谈，借以了解受训者在培训中取得的成绩、遇到的困惑等。当访谈参与者达到一定规模时，即为集体访谈法，也称"座谈会"。访谈法能对受训者进行全面深入的考察，灵活性强，但时间长、成本大，也易产生偏差。

（3）目标评价法。该方法指在培训初期即制定培训应达到的目标以便培训结束时进行比照，检查目标达成情况。培训目标的设定必须以详细的培训需求分析作为基础，且具有操作性和可对比性。

（4）问卷调查法。该方法通过书面的形式，以严格设计的测量项目或问题，对受训者进行调查，获取数据，从而进行研究。问卷调查法效率高、费用低,能进行大样本的调查,获取的数据能统计处理与分析,但如果调查问卷的难度设计得太大,容易使得评估信度与效度低。

(5)考试考核法。运用该方法时,受训者要接受包括学习态度和表现、掌握运用理论和知识、党性修养和作风养成等方面为主要内容的综合评价。该方法的难点在于对考卷的设计与评分。

4.培训绩效评估的内容

西安市公共部门培训绩效评估拟包含五个环节,即从培训需求、培训过程、培训结果、培训迁移评估到效益层评估。不同环节的评估内容,按评估所指对象划分,既有对学员和培训机构的考核,也有对学员所在组织的考核。

对学员的考核大致可以分为考勤和考绩。考勤,主要围绕学员参加培训的出勤情况以及日常培训中的行为表现而展开;考绩,主要考察学员参加培训后能力提升和知识获取的情况,比如经过培训是否提升了个人的决策能力、沟通能力、创新能力、服务意识等。对考绩的评估是个综合的评价,不仅有培训后立即表现出的能力,还有潜在会表现出的能力,不仅有低层次的能力,还有高层次的能力。这对考绩评估中的定量指标设计提出了难题。

对培训机构的考核主要表现在培训方案、培训实施、培训保障等方面。教学内容是否合理,教师选配是否得当,教学环境是否舒适,教学保障是否到位等问题都是评估的内容。若学员中有相当比例对上述考核指标不满意,培训机构将作出相应的整改。

对学员所在组织的考核也是评估的重要组成部分。根据新公共管理理论,培训应最终指向组织绩效。组织绩效由于培训迁移的原因,大多要在培训结束后六个月至一年才可能显现。

5.培训绩效评估的指标体系设计

西安市公共部门培训绩效评估指标体系的设计拟参考 Kirkpatrick 模型,如表 3.4 所示。

表 3.4　西安市公共部门培训绩效评估指标体系

阶　段	环　节	层　面	指　标
培训前	培训需求评估		培训课程设置
			培训方式
			培训教师
			培训时间安排
培训中	培训过程评估	反应层	培训内容
			培训方式
			培训教师的培训水平
			培训机构的环境条件
培训后	培训结果评估	学习层	对培训项目的掌握程度
	培训迁移评估	行为层	行为的变化
	效益层评估	结果层	个人绩效
			组织绩效

　　评估时,设"满意","较满意","一般","不满意"四个评估档次,如果这一项评估内容在整个评估中所占的比重是 10 分,那么每个评估档次所代表的比重就是 2.5 分。其他评估内容的评估标准均可根据实际情况依此类比。对于那些难以量化的评估指标,可采用模糊评估法赋予相应的权重。[52]

　　由于各阶段、各环节、各层面评价内容的不同,也需采用各自不同的评估方法。如培训前的培训需求评估可以采用问卷调查法,培训中的培训过程评估可以采用问卷调查法、访谈法、观察法等,培训后的培训结果评估、培训迁移评估、效益层评估则可以采用考试考核法、情景模拟法、360°评价法等。

三、公共部门培训绩效评估的特点与经验

　　由上文可以发现,西安市公共部门培训绩效评估设想特别注重理论与政策的指引,参考的理论不仅有西方的新公共管理理论、学习型组织理论与柯式模型,也有国内的科学发展观以及《公务员法》、《培训改革纲要》等,它们使得培训绩效评估更为科学化。

　　然而,从指标体系表上,我们不难看出,实践还存在一些局限,具体表现为:

　　(1)指标设计过于简单。该绩效评估仍缺乏一个完整的评估指标体系,使得评估注重学员个人绩效的考核,忽视组织绩效的考核,注重培训中学员所得知识的考核,忽视培训后学员能力提升的考核,注重简单维度的考核,忽视复杂维度的考核。因此,构建一个涉及培训过程主要环节,覆盖培训绩效主要方面,具有可操作性的指标体系非常必要。

　　(2)评估标准欠妥当。实践中采用四个档次的评估标准,与量表设计必须为奇数等级不符。偶数等级具有评估的倾向性,容易诱导被调查者选择较高等级的选项,使评估的可信性下降。通常,量表设计多采用利克特五点等级量表和利克特七点等级量表。

　　考虑到我国公共部门培训绩效评估还处于初级阶段,西安市公共部门培训绩效评估的设想虽然不够完善,但仍给予我们一些经验借鉴。

　　第一,公共部门培训绩效评估的理论化。

　　干部培训绩效评估既需要借鉴西方理论,也不能忽视我国国情。目前,我国公共部门培训绩效评估主要以《中华人民共和国公务员法》、《2010—2020年干部教育培训改革纲要》等法规文件为依据,这些规定能使干部培训绩效评估指标体系在符合国际评估发展趋势的同时,也与我国实际紧密相关,具有中国特色。与此同时,也不能盲目照搬理论模型,根据需要对柯式模型等经典模型作出一定调整,也是应当的。

　　第二,公共部门培训绩效评估的关联化。

　　西安市提出,要建立学员的培训结果电子档案,并将该档案并入公务员的档案中。这提示我们,公共部门培训绩效评估要与其他人力资源环节紧密结合,即学员培训绩效情况与其职务晋升、奖惩、薪酬发放,培训机构施训情况与其课程设置等要建立必然的联系,让评估不流于形式,学员对培训充满热情,培训课程结合实际。因此,要充分发挥公共部门培训的诊断功能、反馈调节功能、科学管理功能、激励导向功能,确保培训促进学员发展,促进培训机构发展,促进学员与培训机构的良性互动。

　　比较本章四个案例的做法,不难发现,它们存在一些共同点与不同点,如表3.5所示。

表 3.5　案例比较表

地　区	模　型	侧重点
湘潭	Kirkpatrick 模型	专业性(财政系统)
辽源	Kirkpatrick 模型	成本—收益分析
苏州	修正后的 Kirkpatrick 模型	顾客满意度
西安	修正后的 Kirkpatrick 模型	通用性(一般公共部门)

这四个案例共同给予干部培训绩效评估下列启迪:一是指标设计可以 Kirkpatrick 模型为基础,但需做一定的修正与完善;二是培训绩效评估的理论化,中西理论融合;三是培训绩效评估主体的多元化,使尽可能多的利益相关者参与其中;四是培训绩效评估方法的多形式,定性与定量结合;五是培训绩效评估的科学化,覆盖培训全环节;六是充分考虑培训的成本与收益;七是注重培训结果的转化,既考虑个人绩效,也考虑组织绩效和社会绩效。

第四章 干部教育培训绩效评估指标的理论遴选与实证筛选

编制科学的评估问卷是对干部教育培训绩效进行科学评估的前提和基础,只有用科学的问卷进行评估,才能得出科学的结论。设计一份具有较高信度和效度的评估问卷需要在相关问卷编制原则与程序的指导下,遵循一定的编制程序,按照研究目的和要求,构建问卷编制的总体框架,再依据总体框架进行整体设计。近年来,为进一步提高干部教育培训科学化水平,培养造就高素质干部队伍,推进马克思主义学习型政党建设,我国各级党委、政府大规模轮训干部,但其实际绩效如何却无人问津。课题组首先对干部教育培训绩效的评估指标进行了理论遴选与实证筛选,构建了干部教育培训绩效的评估指标体系,进而编制出干部教育培训绩效评估问卷初稿,在此基础上对评估问卷进行信度和效度检验,最终形成正式的具有较高信度和效度的干部教育培训绩效评估问卷。

第一节 干部教育培训绩效评估问卷编制的原则与程序

问卷调查的主要工具是问卷,因而科学地设计问卷,对问卷调查有关键的影响。问卷设计的好坏,直接与问卷调查的回收率、有效率以及被调查者的回答质量相关联。因此,问卷的编制非常重要,需要遵循一定的原则和程序。

一、问卷的内涵与结构

问卷是调查研究中用来收集资料的一种技术，它在形式上是一份经过科学设计的问题表格，其用途是测量人们的行为、态度和社会特征。问卷调查的目的主要是在经由填答者填写问卷后，得到有关被测者对某项问题的态度、意见和看法，然后比较、分析大多数人对该项问题的看法，以便于研究者参考。问卷的运用极其广泛，不但可以在定量评估中使用，也可以在定性评估中使用。在公共管理研究领域，许多问题难以直接测量，只能通过问卷的方法进行间接调查。如今，使用问卷进行调查的公共管理研究越来越多，互联网等现代技术也给问卷调查带来了更大的可能。

与其他调查方法相比，问卷调查具有效率较高、费用较低、调查结果便于统计分析、调查结果受人为因素干扰较少、能够做大样本的调查研究等优点。但是，问卷调查也存在着固有的局限性，如调查问卷设计难、问卷调查广而不深、问卷调查结果的普遍性难以得到有效保证、问卷发放难度大等。因此，考虑到问卷的优点和局限，需在编制、发放、回收以及分析问卷时，充分发挥问卷的优点，规避问卷的局限，使问卷能够最大限度地满足研究的需要。

问卷有结构式和非结构式之分。通常而言，一份调查问卷包括七个部分，即问卷的名称、封面信、被调查者的基本情况、指导语、调查内容、编码、结束语等。其中调查内容是问卷中最重要的部分，是每一份问卷必不可少的内容，而其他部分则可根据研究需要进行取舍。

二、问卷设计的基本原则

一份科学合理的问卷要包含下列三方面的功能：首先，能够正确反映调查目的和具体问题，突出重点，能使被调查者乐意合作，协助研究者达到调查的目的；其次，能够正确记录和反映被调查者回答的事实，提供正确的信息；最后，便于资料的统计和整理。为使问卷具备以上三项功能，从而达到研究目的，获得客观、科学的结论，在问卷设计上还必须遵循一些基本的原则。第一，有效性原则。这是指问卷题目的有效性和准确性，这要求明确问卷调查的目标，建立"目标分级体系"，语句保持一致。第二，可信性原则。可信性原则即问卷的调查结果必须确保能够真实反映调查对象的情况,这就要求指标清晰,指标所指内容在人们的一般知识范围内。第三,统计分析原则,问卷的题目和答案的设计、安排要有利于数据的处理,要使结果变量化、指标累加化。第四,心理原则。题目数量、问卷版式设计、问题陈列等三个方面要符合人的心理、思维和视觉反应特点和规律。

三、问卷设计的基本程序

不同研究目的和不同类型的问卷设计程序会有一定的差异,但一份高质量的问卷一般都需要经过八个基本程序:(1)明确问卷调查的目的和内容;(2)确定调查的主题和资料范围;(3)构建问卷设计的框架体系;(4)拟定并编排问题;(5)确定问题的表达方式;(6)问卷的排版和布局;(7)进行问卷预调查;(8)问卷的修订与定稿。

上述从理论与方法上厘清了问卷的含义、特点及结构,介绍了问卷设计的基本原则和程序,从而为设计一份高质量的干部教育培训绩效评估问卷提供了较好的导引。

第二节　干部教育培训绩效评估指标的理论遴选

干部教育培训绩效评估指标是科学地评估干部教育培训绩效的重要载体,也是编制评估问卷的重要依据。因此,根据培训评估模型以及干部培训的宗旨,建立一套干部教育培训绩效评估指标体系以全面考察干部教育培训实践,可以及时发现培训环节存在的疏漏,调整完善,使培训达到应有目的。

一、干部教育培训绩效的内涵与构成

为了不断完善干部教育培训工作,着力提高干部领导科学发展的水平,首先必须考察当前干部教育培训的绩效及存在的问题。只有科学地认识和把握好干部教育培训绩效的内涵和构成要素,建立科学的评估指标体系,才能对各干部教育培训项目的绩效进行科学的评估,发现存在的缺陷,及时采取积极有效的应对措施。

1. 国内外关于绩效内涵研究的概述

关于绩效的内涵,国内外学者已做了较多的探讨,有代表性的定义如表 4.1 所示。归类这些研究,可得出对"绩效"内涵的理解主要存在三种不同的观点。一是结果观。将绩效同任务完成情况、产出、结果等同起来,因为这些工作结果与组织的战略目标、顾客满意度及所投资金的关系最为密切(Bernardin,1995;Kane,1986),也可以说是系统表征管理领域中的成就和效果的一种概念工具(刘旭涛,2003)。二是行为观。该观点假设绩效是主观努力和外部环境因素共同影响的产物,认为绩效不是活动的结果,而是活动本身,是可观察到人们的行动或行为(Campell 等,1993;Borman&Motowidlo,1997)。三是行为结果结合观。认为绩效应包括结果和行为两个方面(Brumbrach,1988;朱志刚,2002),更有甚者,认为绩效反映在行为、方式和结果三个方面(方振邦,2003)。综合上述研究,本课题组采用行为结果结合观,认为绩效既包括工作行为表现,也包括工作结果,在干部教育培训中主要指党委、政府组织开展干部教育培训及其结果和效果。

表 4.1　绩效的代表性涵义

来　源	绩效的涵义
Bernardin (1995)	绩效应该定义为工作的结果,因为这些工作结果与组织的战略目标、顾客满意度及所投资金的关系最为密切。[53]
Campell (1993)	绩效是行为的同义词,它是人们实际的行为表现,而且是能观察到的……绩效是个体控制下的目标相关的行为组成,不论这些行为是认知的、生理的、心智活动的或人际的。[54]
Borman & Motowidlo(1997)	绩效是具有可评价要素的行为,是人们工作时的所作所为,这些行为对个人或组织效率具有消极或积极的影响。[55]
Brumbrach (1988)	绩效是指行为和结果,行为由从事工作的人表现出来,将工作任务付诸实施。行为本身也是结果,是为完成工作任务所付出的脑力和体力的结果,并且能与结果分开进行判断。[56]
Kane(1986)	绩效是一个人留下的东西,这个东西与目的相对独立存在。[57]
朱志刚 (2002)	绩效不仅仅是对结果的衡量,还包括对过程的衡量,以及对提供方主观努力程度和接受方满足程度的衡量。[58]
刘旭涛(2003)	绩效可以理解为,系统表征管理领域中的成就和效果的一种概念工具。[58]
方振邦(2003)	理解绩效应注意以下三个方面:绩效是一个过程的概念,它与评价的过程相联系;研究绩效问题必须考虑时间因素;绩效反映在行为、方式和结果三个方面。[59]

2.干部教育培训绩效的内涵与构成

随着信息社会的到来,人力资本的重要性提高,培训作为经营人力资本的重要手段而备受各方重视,已从原先的企业扩展到了政府部门。培训是实施人力资源开发战略的核心任务,而科学评估培训绩效已成为人力资源管理的一项重要职责。

干部培训绩效评估崇尚的理念随时代变化发生了从"知识本位"到"能力本位"的转变。"知识本位"是西方传统的培训绩效评估崇尚的理念,在近现代中国的教育语境中得到了认可。它以知识传授为目的和出发点,以知识掌握的数量、精确程度和系统程度作为绩效评估标准。它使人们迅速地摆脱了蒙昧和无知,有力地推动了经济和社会发展。然而,该评估理念也具有不可忽视的局限。一是它使人们难以发挥自我能动性;二是它惟理性,使人们成为知识的附庸;三是使人们功利地占有知识;四是它割裂了人与社会的关系。显然,这样的评估理念难以适应信息社会对人才的需求。"能力本位"应运而生。

能力本位教育思潮始于 20 世纪 60 年代,以西方国家为代表。它是对"知识本位"理念的扬弃,是以从事某一具体职业所必须具备的能力为出发点来确定培养目标,设计教学内容,方法和过程,评估教学效果的一种教学思想与实践模式。"能力"是个复合性的概念,包括专项能力、综合能力、职业能力。与某工作有关的知识、态度等为专项能力,专项能力将构成某种综合能力,而若干种综合能力将构成职业能力。它重视学员的自我学习和自我评价,以能力标准为参照来评估学员综合能力,在一定程度上解决了知识本位导引的培训绩效评估的局限,能完善评估实践。

笔者认为,要科学地把握我国干部教育培训绩效评估的内涵,必须科学把握中央文件精神。2010 年,中央办公厅印发了《2010—2020 年干部教育培训改革纲要》。《纲要》指出,要着眼于提高干部素质和能力,建立以培训需求为导向的培训内容更新机制。培训需遵循三个"致力于",即致力于提高干部的思想政治素质,致力于提高干部的知识素养和实践能力,致力于提高干部的道德品行和精神境界。学员的培训绩效评估需与培训内容紧密结合,评估内容包括干部的学习态度和表现、掌握运用理论和知识、党性修养和作风养成等情况。同时,还要建立完善干部学习培训激励约束机制,将培训绩效与学员个人挂钩,与学员所在单位挂钩,影响个人和组织的绩效考核。

课题组在"能力本位"评估理念和《纲要》精神的导引下,以对干部教育培训的特点、内容、构成要素的深度访谈和问卷调查基础上,邀请从事干部教育培训教学和研究工作的多位专家(包括教授、学者和政府官员)召开专家会议,明确界定"干部教育培训绩效"的概念和内涵,研究"干部教育培训绩效"的概念构思,借鉴美国 Kirkpatrick 培训评估模型,从反应、学习、行为和结果等四个维度,建立"干部教育培训绩效"R-L-B-R 四要素结构模型。该结构模型的四个层次紧密相连,并具有递进性,后一层次以前一层次的评估为基础。

笔者认为,干部教育培训绩效指的是,接受培训的公务员获得的意识、知识、技能、态度等方面的程度,及其把这些意识、知识、技能、态度应用于工作后给政府和社会带来的经济效益和社会效益的大小。培训绩效在 R-L-B-R 四要素结构模型中反映为四个层面的绩效(如图 4.1 所示)。

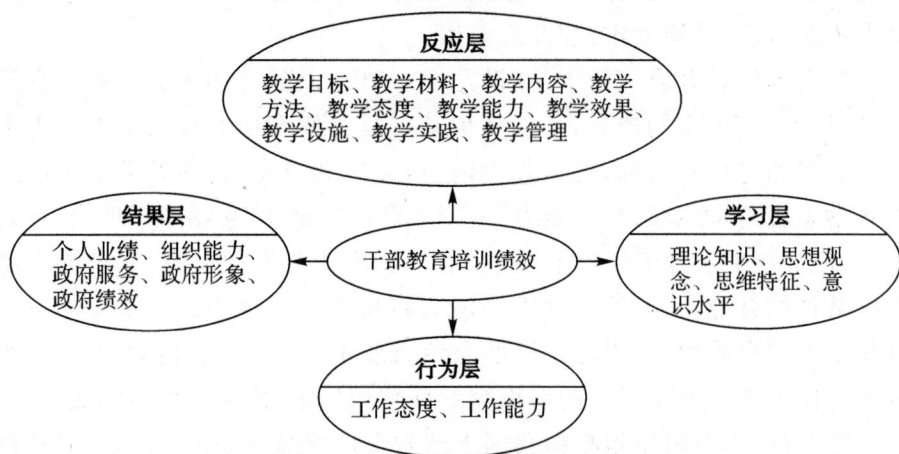

图 4.1　干部教育培训绩效的内涵

反应层(reaction level)评估的是学员对培训项目的主观感觉和满意程度,是基于顾客满意度的评估。学员对教学目标、教学材料、教学内容、教学方法、教学态度、教学能力、教学效果、教学设施、教学实践、教学管理等方面的评估在一定程度上反映了培训的质量,也会影响到培训的效果。教学目标是教学活动预期达到的结果,是教学活动的出发点和归宿;教学材料与培训质量密切相关,不仅是培训质量的基础,也是培训质量的保证;教学内容是教学目标的载体,范围适当、顺序合理的教学内容安排能使学员不断取得学习的进步;教学方法是实现培训目的的手段,恰当而多样的方法有助于取得良好的培训效果;教学态度是教师对教学持有的评价和行为倾向,良好的态度有助于教学效果的达成;教学能力是教师必备的教育教学技巧,能促进良好的教学效果与教学创新的实现;教学效果考察的是学员对培训目的是否达到的自我判断;教学设施是指与培训活动相关的支持性的工作,它决定了培训能否顺利开展;教学实践超越书本与封闭的课堂,面向社会,能激发学员学习兴趣,增强案例分析能力;教学管理指的是为了实现教学目标,按照教学规律和特点,对教学过程的全面管理。根据上述概念,反应层的评估指标主要有教学目标科学合理、教学材料内容丰富、教学内容具有系统性、注重启发式教学、教学态度认真负责、教学设计科学、能激发学员积极思考、教学环境幽雅、教学实践具有较强的针对性、教学管理严格规范等 41 个。

学习层(learning level)评估的是学员对知识、技能、态度等培训内容的理解和掌握程度。与反应层相比,学习层评估更侧重于学员在受训前和受训后知识与思维的比较,主要考察学员在理论知识、思想观念、思维特征、意识水平等 4 个方面的变化。理论知识是指概括性强、抽象度高的知识体系,包括一般知识和专业知识,它是实践活动的导引;开放的思想观念是行为创新的先导和前提,所谓观念决定行动,思路决定出路;思维是对客观事物间接概括的反映,良好的思维特征有助于更准确地表达思想,认识问题;意识是一种感观处理活动,随着社会经济发展进入一个新阶段,中央领导要求各级领导干部需具备服务意识、效率意识、创新意识等多种意识。根据上述概念,学习层的评估指标主要有通过培训知识面进一步拓宽、通过培训知识结构更加完善、通过培训知识得到及时更新、通过培训理论水平有了提高、通过培训思想观念更加解放、通过培训思想观念得到更新、通过培训思想观念更加务实、通过培训思维更富有系统性、通过培训思维更富有严密性、通过培训思维更富有科学性、通过培训思维更富有创新性、通过培训强化了服务意识、通过培训强化了法律意识、通过培训强化了廉政意识、通过培训强化了成本意识、通过培训强化了效率意识、通过培训强化了创新意识等 17 个。

　　行为层（performance level）评估的是学员知识、技能和态度的迁移，更多地考虑到学员在接受培训回到工作岗位后在工作表现上产生的变化。该层主要考察学员在工作态度与工作能力方面的改变。工作态度是对工作所持有的评价及行为倾向，包括工作的认真度、责任度、努力程度等，一般情况下，与工作绩效呈正相关；工作能力是指一个人的由必备的知识、专业技能、一般能力等构成的综合能力是否适合某职位，它直接影响着工作质量与工作效率。根据上述概念，行为层的评估指标主要有培训后更富有工作责任感、培训后更富有工作积极性、培训后更富有工作进取心、培训后更富有工作纪律性、培训后更富有创新精神、培训后更富有敬业精神、培训后增强了发现问题能力、培训后增强了分析问题能力、培训后增强了解决问题能力、培训后增强了沟通协调能力、培训后增强了组织管理能力、培训后增强了科学决策能力、培训后增强了行政执行能力、培训后增强了公共服务能力等 14 个。

　　结果层（results level）评估的是学员的行为变化带来的绩效的改变。该层的评估内容存有争议，主要在于它是否应包含个人绩效。本课题组认为，绩效的改变既包括学员所在组织即政府，也包括学员本人。我们主要考察学员个人业绩和政府组织能力、政府形象、政府服务、政府绩效等方面发生的变化。个人业绩是个综合的概念，在评估时更侧重于一些显化的内容，如职位变化、薪酬变化等；政府组织能力是指建立一种能使全体行政人员为实现政府目标而在一起最佳工作并履行职责的组织结构的能力，它将直接影响政府行为的效率和效果；政府形象是政府在社会公民头脑中的有机反映，新华社等中央媒体早在 2003 年就认为，政府应树立亲民、负责、透明、务实、法治、稳健、廉政的形象；公共服务是 21 世纪公共行政和政府改革的核心理念，它强调政府的服务性和公民的权利；政府绩效由政府的职能决定，集中表现在行政管理、经济发展、社会稳定、教育科技、生活质量和生态环境等方面的绩效。根据上述概念，评估结果层的指标主要有培训后提升了工作效率、培训后政府创新能力得到提升、培训后政府廉洁形象得到提升、培训后政府服务能力得到提升、培训后政府政治绩效得到提升等 28 个。

　　因此，对干部教育培训绩效的评估应该是全方位的评价，评估指标体系应构建一个多层次的系统，不仅要有反映干部教育培训中的工作行为绩效指标,还应包括干部教育培训的结果绩效指标。干部教育培训绩效的评估,就是通过学员自我评估、培训机构评估、培训组织方评估、专家评估、公民及社会舆论评估等多重评估体制,运用科学的评估体系、评估方法、评估标准和评估程序,对学员培训前后在反应层、学习层、行为层和结果层的表现进行全面的分析与评估,对其在教育培训过程中所体现的业绩和实际水平做尽可能客观的评估,以获得干部教育培训绩效的信息,诊断各级党委和政府在组织开展干部教育培训的实践中存在的问题,进而不断提高干部教育培训科学化水平。

二、干部教育培训绩效评估指标筛选原则

干部教育培训绩效评估指标是度量干部教育培训实践成效的重要工具,要使这种度量工具有效而可信,评估结果能全面、客观、准确地反映干部教育培训的实践,在筛选评估指标时应该遵循六大基本原则。

1.系统性原则

根据对干部教育培训绩效内涵与构成的理解,干部教育培训实践可分为培训前、培训中、培训后等环节,涉及培训组织机构、培训承办机构、培训学员等多个利益相关主体,其绩效应由反应层、学习层、行为层、结果层等层面的绩效子系统综合集成,因此各个绩效子系统也必须通过一些相应的指标反映出来,这就要求所构建的评估体系具有足够的涵盖面,能够充分地反映干部教育培训绩效的体系性特征。同时,评估体系并不是各个子系统的评估指标的简单集合,而应按照一定的原则合理地划分层次。总之,根据系统性原则要求构建的干部教育培训绩效评估指标体系必须能够反映充分的信息。

2.可操作原则

构建干部教育培训绩效评估指标体系的目的主要是在浙江大学继续教育学院所办培训项目的绩效评估乃至我国其他干部教育培训项目的绩效评估中均能够得到广泛的应用。这就要求我们所建立的干部教育培训绩效评估指标体系应具有可操作性。可操作性原则主要体现在三个方面。一是数据资料的可获取性。评估指标的数据应易于采集,能通过权

威性的统计年鉴或对现有资料的加工整理以及科学的问卷调查和现场访谈获取;二是数据资料可量化。评估指标数据能保证真实、可靠和有效;三是评估过程简单,便于把握和操作。评估指标体系设置应尽量避免形成庞大的指标群或层次复杂的指标数,评估指标应尽可能少而精。

3.有效性原则

有效性原则是指构建的干部教育培训绩效评估指标体系必须与干部教育培训绩效的内涵与构成要素相符合,能够真正反映干部教育培训的实际绩效,体现干部教育培训的宗旨和目的。如果我们设计的绩效评估体系仅仅是反映干部教育培训的现状,而不是干部教育培训应达到的绩效,那么可以说这种评估体系是无效的。为此,我们通常采用效度指标来判断评估体系的有效程度。所谓效度就是指该评估指标体系究竟能够在多大程度上真正测量出想要测量的东西,效度越高,表明评估的结果越有效,反之亦然。

4.动态性原则

干部教育培训绩效是一个动态的积累过程,它具有滞后性,它对学员与组织的影响易受其他因素干扰,使我们难以在较短的时间内获取其真实值。为此,在选择干部教育培训绩效评估指标时,既要有评估干部教育培训实践的现实指标,又要有干部教育培训实践的过程指标,能综合地预测发展趋势。此外,干部教育培训绩效的内涵会随着社会经济所处的发展阶段和形势的不同而发生一些变化,干部教育培训绩效评估指标也应随之而变,进行相应的调整和完善。

5.导向性原则

干部教育绩效评估的目的就是通过绩效评估,获得我国干部教育培训绩效的有效信息,全面了解和把握其工作现状,发现问题,找出原因,不断提高干部教育培训的水平,提升干部的素质,增强干部发展社会的能力。因此,干部教育培训绩效评估指标的选择必须要有利于实现上述目的。

6.独立性原则

所谓独立性原则就是指干部教育培训绩效评估指标体系中的各个指标都应具有独立的信息,不能互相代替。要选择反映信息多、能最充分反映干部教育培训新特点和新成效的指标。

三、干部教育培训绩效评估体系的理论构建

根据国内外对绩效的研究以及干部教育培训绩效的内涵与构成要素分析,结合干部教育培训绩效评估指标遴选的六项原则和我国干部教育培训的实践,在对浙江大学数十个培训班的 MPA 学员问卷调查和邀请从事干部教育培训教学和研究工作的多位专家(包括教授、学者和政府官员)召开专家会议进行交流的基层上,以《纲要》为指导原则,从反应层、学习层、行为层、结果层理论遴选了 100 个评估指标组成了第一轮干部教育培训绩效评估指标体系 $X^{(1)}$(见表 4.2)。

表 4.2　干部教育培训绩效评估第一轮指标体系 $X^{(1)}$

目标层	领域层	指标层(评估指标)	变量标识	单　位
干部教育培训绩效评估	反应层	教学目标科学合理	X_1	等级
		教学目标明确具体	X_2	等级
		教学目标切合实际	X_3	等级
		教学材料内容丰富	X_4	等级
		教学材料美观简洁	X_5	等级
		教学材料发放及时	X_6	等级
		教学材料值得保存	X_7	等级
		教学内容具有系统性	X_8	等级
		教学内容具有前瞻性	X_9	等级
		教学内容具有新颖性	X_{10}	等级
		教学内容具有针对性	X_{11}	等级
		教学内容具有实用性	X_{12}	等级
		注重启发式教学	X_{13}	等级
		注重案例式教学	X_{14}	等级

续表

目标层	领域层	指标层（评估指标）	变量标识	单　位
干部教育培训绩效评估	反应层	注重数据的运用	X_{15}	等级
		注重师生的互动	X_{16}	等级
		教学态度认真负责	X_{17}	等级
		教学态度科学严谨	X_{18}	等级
		教学态度积极进取	X_{19}	等级
		教学设计科学	X_{20}	等级
		教学思路清晰	X_{21}	等级
		教学重点突出	X_{22}	等级
		教学语言幽默	X_{23}	等级
干部教育培训绩效评估	反应层	教学逻辑严谨	X_{24}	等级
		教学情感丰富	X_{25}	等级
		能激发学员积极思考	X_{26}	等级
		能激发学员创新思维	X_{27}	等级
		能激发学员学习兴趣	X_{28}	等级
		能激发学员情感共鸣	X_{29}	等级
		能激发课堂活跃气氛	X_{30}	等级
		教学环境幽雅	X_{31}	等级
		教学设施完备	X_{32}	等级
		教学设施先进	X_{33}	等级
		教学实践具有较强的针对性	X_{34}	等级
		教学实践具有较强的启发性	X_{35}	等级
		教学实践具有较强的实用性	X_{36}	等级
		教学实践具有较强的新颖性	X_{37}	等级
		教学实践能满足学员的需求	X_{38}	等级
		教学管理严格规范	X_{39}	等级
		教学服务周到细致	X_{40}	等级
		教学后期保障充分	X_{41}	等级

目标层	领域层	指标层（评估指标）	变量标识	单 位
干部教育培训绩效评估	学习层	通过培训知识面进一步拓宽	X_{42}	等级
		通过培训知识结构更加完善	X_{43}	等级
		通过培训知识得到及时更新	X_{44}	等级
		通过培训理论水平有了提高	X_{45}	等级
		通过培训思想观念更加解放	X_{46}	等级
		通过培训思想观念得到更新	X_{47}	等级
		通过培训思想观念更加务实	X_{48}	等级
		通过培训思维更富有系统性	X_{49}	等级
干部教育培训绩效评估	学习层	通过培训思维更富有严密性	X_{50}	等级
		通过培训思维更富有科学性	X_{51}	等级
		通过培训思维更富有创新性	X_{52}	等级
		通过培训强化了服务意识	X_{53}	等级
		通过培训思维更富有严密性	X_{50}	等级
		通过培训强化了法律意识	X_{54}	等级
		通过培训强化了廉政意识	X_{55}	等级
		通过培训强化了成本意识	X_{56}	等级
		通过培训强化了效率意识	X_{57}	等级
		通过培训强化了创新意识	X_{58}	等级
	行为层	培训后更富有工作责任感	X_{59}	等级
		培训后更富有工作积极性	X_{60}	等级
		培训后更富有工作进取心	X_{61}	等级
		培训后更富有工作纪律性	X_{62}	等级
		培训后更富有创新精神	X_{63}	等级
		培训后更富有敬业精神	X_{64}	等级
		培训后增强了发现问题能力	X_{65}	等级
		培训后增强了分析问题能力	X_{66}	等级
		培训后增强了解决问题能力	X_{67}	等级

续表

目标层	领域层	指标层(评估指标)	变量标识	单 位
干部教育培训绩效评估	行为层	培训后增强了沟通协调能力	X_{68}	等级
		培训后增强了组织管理能力	X_{69}	等级
		培训后增强了科学决策能力	X_{70}	等级
		培训后增强了行政执行能力	X_{71}	等级
		培训后增强了公共服务能力	X_{72}	等级
	结果层	培训后提升了工作效率	X_{73}	等级
		培训后提升了工作质量	X_{74}	等级
		培训后提升了工作职位	X_{75}	等级
		培训后提升了工作奖励	X_{76}	等级
		培训后提升了工作薪酬	X_{77}	等级
		培训后政府创新能力得到提升	X_{78}	等级
		培训后政府协调能力得到提升	X_{79}	等级
		培训后政府决策能力得到提升	X_{80}	等级
		培训后政府适应能力得到提升	X_{81}	等级
		培训后政府统筹能力得到提升	X_{82}	等级
干部教育培训绩效评估	结果层	培训后政府廉洁形象得到提升	X_{83}	等级
		培训后政府公正形象得到提升	X_{84}	等级
		培训后政府法治形象得到提升	X_{85}	等级
		培训后政府民主形象得到提升	X_{86}	等级
		培训后政府创新形象得到提升	X_{87}	等级
		培训后政府改革形象得到提升	X_{88}	等级
		培训后政府服务形象得到提升	X_{89}	等级
		培训后政府服务能力得到提升	X_{90}	等级
		培训后政府服务水平得到提升	X_{91}	等级
		培训后政府服务质量得到提升	X_{92}	等级
		培训后政府服务效率得到提升	X_{93}	等级
		培训后公众的满意度得到提升	X_{94}	等级

目标层	领域层	指标层（评估指标）	变量标识	单　位
干部教育培训绩效评估	结果层	培训后政府政治绩效得到提升	X_{95}	等级
		培训后政府经济绩效得到提升	X_{96}	等级
		培训后政府文化绩效得到提升	X_{97}	等级
		培训后政府教育绩效得到提升	X_{98}	等级
		培训后政府科技绩效得到提升	X_{99}	等级
		培训后政府社会绩效得到提升	X_{100}	等级

第三节　干部教育培训绩效评估指标的实证筛选

干部教育培训绩效评估指标体系 $X^{(1)}$ 是依据培训评估模型与培训的目标与宗旨，并在与党委组织部领导、授课专家、MPA 学员交流的基础上构建的，具有较强的主观色彩，因此，很有必要对理论遴选的指标进行隶属度分析、鉴别力分析和相关分析等实证筛选，以增强评估指标的信度和效度，提高评估指标的科学性、合理性和可操作性。

一、干部教育培训绩效评估指标的隶属度分析

课题组在全国选择了从事干部教育培训绩效教学、研究工作的专家进行咨询，这些专家大多来自高等院校、研究机构和党政机关，既有处于授课一线的，也有组织开发培训的。他们知识和经验俱丰，并且熟谙我国的干部教育培训演变与发展。尽管这些专家在判断和选择评估指标时具有个人主观性，是专家本人知识和经验的反映，但集成多数专家的意见，可以化主观为客观。根据专家的意见，删除一些不能较好反映干部教育培训绩效的评估指标，可提升指标质量，使指标合理，易评估。

课题组将理论筛选的评估指标制作成《干部教育培训绩效评估研究调查问卷》（见附录一），采用现场访谈和专家研讨会等多种方式，把该表送给专家，要求专家根据自身知识和经验，从 100 个指标中选择 50 个最理想的干部教育培训绩效评估指标。本课题组共发放了 120 份专家咨询

表,回收 120 份,有效专家咨询表 103 份。

为了深入地分析各位专家对理论筛选评估指标的意见,课题组根据回收的有效专家咨询表,对评估指标进行隶属度分析。隶属度这一概念源于模糊数学,是指集合中的元素属于某个集合的程度。具体而言,是把干部教育培训绩效评估体系 $\{X\}$ 视为一个集合,把每个评估指标视为该集合中的一个元素。假设在第 I 个评估指标 X_i 上,专家选择 X_i 的总次数为 M_i,即总共有 M_i 位专家认为指标 X_i 是评估干部教育培训绩效最合适的指标,若有效问卷数为 N,则该评估指标的隶属度就为 $R_i = M_i / N$,在本课题中,N 即为 103。

R_i 的值越大,意味着该指标在很大程度上属于模糊集合,即评估指标 X_i 在评估体系中很重要,可以保留并进入下一轮评估体系 $X^{(2)}$;反之,该评估指标必须予以删除。

通过对 103 份有效专家咨询表的统计分析,分别得出了 100 个评估指标的隶属度,删除了隶属度低于 0.3 的 23 个评估指标(见表 4.3),保留下来的 77 个评估指标,构成了干部教育培训绩效评估第二轮评估体系 $X^{(2)}$。

表 4.3　第一轮指标体系 $X^{(1)}$ 中被删除的隶属度低于 0.3 的 23 个评估指标

目标层	领域层	指标层(评估指标)	变量标识	隶属度
干部教育培训绩效评估	反应层	教学材料美观简洁	X_5	0.28
		教学材料发放及时	X_6	0.28
		注重数据的运用	X_{15}	0.29
		教学态度积极进取	X_{19}	0.28
		教学设施先进	X_{33}	0.28
		教学后期保障充分	X_{41}	0.25
	学习层	通过培训知识结构更加完善	X_{43}	0.29
		通过培训强化了廉政意识	X_{55}	0.17
		通过培训强化了成本意识	X_{56}	0.13
		通过培训强化了效率意识	X_{57}	0.24

续表

目标层	领域层	指标层（评估指标）	变量标识	隶属度
干部教育培训绩效评估	行为层	培训后更富有工作积极性	X_{60}	0.17
		培训后更富有工作进取心	X_{61}	0.24
		培训后更富有工作纪律性	X_{62}	0.08
		培训后更富有敬业精神	X_{64}	0.15
		培训后增强了发现问题能力	X_{65}	0.26
		培训后增强了解决问题能力	X_{67}	0.27
		培训后增强了沟通协调能力	X_{68}	0.29
	结果层	培训后提升了工作职位	X_{75}	0.17
		培训后提升了工作奖励	X_{76}	0.11
		培训后提升了工作薪酬	X_{77}	0.11
		培训后政府文化绩效得到提升	X_{97}	0.28
		培训后政府教育绩效得到提升	X_{98}	0.27
		培训后政府科技绩效得到提升	X_{99}	0.23

二、干部教育培训绩效评估指标的鉴别力分析

在构建评估指标体系的过程中，我们还需对指标进行鉴别力分析。评估指标的鉴别力，指的是评估指标区分评估对象特征差异的能力。在干部教育培训绩效评估这一背景下，指标的鉴别力则是评估指标区分不同培训项目培训绩效差异的能力。如果所有被评估的培训项目在某个评估指标上得分几乎一致（高或低），那么就可以断定该评估指标鉴别力较弱，无法诊断和识别出不同培训项目绩效的强弱；相反，如果被评估的培训项目在某个指标上的得分出现显著差异，则意味着该评估指标具有较强的鉴别力，它能够诊断和识别不同培训项目绩效的强弱。根据指标反应理论（index response theory）所述，通常用指标的特征曲线的斜率作为评估指标的鉴别力参数，斜率越大表明其鉴别力就越高。图 4.2 给出了三个评估指标的特征曲线，由图可得，指标 C 曲线的斜率最大，其次是指标 B，而指标 A 曲线的斜率最小，因而可以判断，指标 C 的鉴别力最强，而指标 A 的鉴别力最弱。

然而,构造指标的特征曲线需要获取较多的实际资料,难度较大,在实际应用中,可用变差系数 V_i 代替之。

$$V_i = \frac{S_i}{\overline{X}}$$

其中:V_i 为某指标的变差系数;$\overline{X} = \frac{1}{n}\sum_{i=1}^{n}X_i$ 为平均值;$S_i = \sqrt{\frac{1}{n-1}\sum(X_i - \overline{X})^2}$ 为标准差。变差系数越大说明该指标的鉴别能力越强;反之,则说明该指标的鉴别能力越弱。根据实际需要,可以删除变差系数相对较小(鉴别力较差)的评估指标。

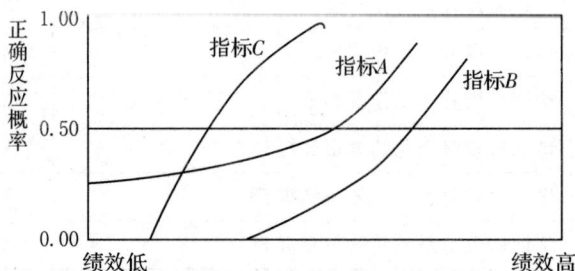

图 4.2　三个评估指标的特征曲线

根据上述方法,课题组采用分层随机取样法(stratified random sampling),在浙江大学继续教育学院选择 30 个干部教育培训班进行实证调查,请他们对第二轮评估指标体系 $X^{(2)}$ 中的 77 个指标进行勾选,共回收有效问卷 113 份。运用 SPSS 17.0 统计分析软件对这些评估指标进行方差分析,在方差分析的基础上计算第二轮评估指标体系 $X^{(2)}$ 中各个评估指标的变差系数(鉴别力),删除了鉴别力低于 0.17 的 10 个指标(见表 4.4),保留其余的 67 个指标构成第三轮干部教育培训绩效评估指标体系 $X^{(3)}$。

表 4.4　第二轮指标体系 $X^{(2)}$ 中被删除的鉴别力低于 0.17 的 10 个评估指标

删除的评估指标	鉴别力
注重案例式教学	0.158
教学态度认真负责	0.161

删除的评估指标	鉴别力
教学设计科学	0.167
教学思路清晰	0.162
教学重点突出	0.164
教学语言幽默	0.166
教学管理严格规范	0.169
通过培训知识面进一步拓宽	0.160
通过培训理论水平有了提高	0.164
通过培训思想观念得到更新	0.169

三、干部教育培训绩效评估指标的相关分析

经过上述两个步骤筛选保留的第三轮干部教育培训绩效评估指标体系 $X^{(3)}$ 中,忽视了另一个问题的存在,即一些评估指标之间可能有高度的相关性,这种高度的相关性会导致评估对象某方面信息的重复使用,从而降低评估结果的科学性和合理性。相关分析是通过测量评估指标之间的相关度,删除一些鉴别力偏低并与其他指标高度相关的,以消除或降低某些评估指标重复反映评估对象信息而可能带来的不利影响。各评估指标之间的相关分析包含以下三个基本过程:

1. 评估指标的标准化处理

由于评估指标采用的量纲不同,需要首先对原始数据进行无量纲处理,以减少评估指标由于计量单位的不同而对结果的影响。设 X_i 为评估指标的原始数据,S_i 为评估指标的标准差,Z_i 为标准化值,则

$$Z_i = \frac{X_i - \overline{X}}{S_i}$$

2. 计算评估指标(X_i 和 R_j)之间的简单相关系数 R_{ij}

计算公式为

$$R_{ij} = \frac{\sum\limits_{k=1}^{n}(Z_{ki} - \overline{Z_i})(Z_{kj} - \overline{Z_j})}{\sqrt{\sum\limits_{k=1}^{n}(Z_{ki} - \overline{Z_i})^2(Z_{kj} - \overline{Z_j})^2}}$$

3.根据研究需要,确定一个临界值 M(0＜M＜1)

若 $R_{ij}＞M$,则可以删除其中的一个评课题组以鉴别力分析中的 113 份有效问卷为数据来源,运用 SPSS 17.0 统计分析软件对第三轮的 67 个评估指标 $X^{(3)}$ 进行相关分析,得到每个领域层各维度各个评估指标的相关系数矩阵。给定临界值 M 为 0.84,在相关系数矩阵中共有 22 对评估指标的相关系数大于 0.84,删除了其中鉴别力相对较小的 22 个评估指标(见表 4.5),保留了其余的 45 个评估指标构成了干部教育培训绩效的第四轮评估指标体系 $X^{(4)}$(见表 4.6)。评估指标(X_i 或 R_j);如果 $R_{ij}＜M$,则同时保留两个评估指标。[60]

表 4.5　相关系数大于临界值(0.84)的评估指标

保留的评估指标	删除的评估指标	相关系数
教学目标科学合理	教学目标明确具体	0.845
教学内容具有前瞻性	教学内容具有新颖性	0.854
能激发学员积极思考	能激发学员学习兴趣	0.884
能激发课堂活跃气氛	能激发学员情感共鸣	0.841
教学环境幽雅	教学设施完备	0.841
教学实践具有较强的针对性	教学实践具有较强的启发性	0.927
教学实践具有较强的针对性	教学实践具有较强的实用性	0.886
通过培训思想观念更加解放	通过培训思想观念更加务实	0.892
通过培训思维更富有科学性	通过培训思维更富有系统性	0.872
通过培训思维更富有科学性	通过培训思维更富有严密性	0.886
培训后更富有创新精神	培训后更富有工作责任感	0.850
培训后增强了组织管理能力	培训后增强了科学决策能力	0.844
培训后增强了行政执行能力	培训后增强了组织管理能力	0.857
培训后增强了公共服务能力	培训后增强了行政执行能力	0.898

保留的评估指标	删除的评估指标	相关系数
培训后提升了工作质量	培训后提升了工作效率	0.944
培训后政府创新能力得到提升	培训后政府协调能力得到提升	0.917
培训后政府创新能力得到提升	培训后政府适应能力得到提升	0.930
培训后政府公正形象得到提升	培训后政府廉洁形象得到提升	0.938
培训后政府公正形象得到提升	培训后政府民主形象得到提升	0.907
培训后政府法治形象得到提升	培训后政府改革形象得到提升	0.926
培训后政府服务效率得到提升	培训后政府服务能力得到提升	0.930
培训后服务质量得到提升	培训后公众的满意度得到提升	0.883

表 4.6 干部教育培训绩效评估第四轮指标体系 $X^{(4)}$

目标层	领域层		指标层（评估指标）	变量标识	单 位
干部教育培训绩效评估	反应层	教学目标	1. 教学目标科学合理	X_1	等级
			2. 教学目标切合实际	X_2	等级
		教学材料	3. 教学材料内容丰富	X_3	等级
			4. 教学材料值得保存	X_4	等级
		教学内容	5. 教学内容具有系统性	X_5	等级
			6. 教学内容具有前瞻性	X_6	等级
			7. 教学内容具有针对性	X_7	等级
			8. 教学内容具有实用性	X_8	等级
		教学方法	9. 注重启发式教学	X_9	等级
			10. 注重师生的互动	X_{10}	等级
		教学态度	11. 教学态度科学严谨	X_{11}	等级
		教学能力	12. 教学逻辑严谨	X_{12}	等级
			13. 教学情感丰富	X_{13}	等级
		教学效果	14. 能激发学员积极思考	X_{14}	等级
			15. 能激发学员创新思维	X_{15}	等级
			16. 能激发课堂活跃气氛	X_{16}	等级

续表

目标层	领域层	指标层（评估指标）		变量标识	单 位
干部教育培训绩效评估	反应层	教学设施	17.教学环境幽雅	X_{17}	等级
		教学实践	18.教学实践具有较强的针对性	X_{18}	等级
			19.教学实践具有较强的新颖性	X_{19}	等级
			20.教学实践能满足学员的需求	X_{20}	等级
		教学管理	21.教学服务周到细致	X_{21}	等级
干部教育培训绩效评估	学习层	理论知识	1.通过培训知识得到及时更新	X_{22}	等级
		思想观念	2.通过培训思想观念更加解放	X_{23}	等级
		思维特性	3.通过培训思维更富有科学性	X_{24}	等级
			4.通过培训思维更富有创新性	X_{25}	等级
		意识水平	5.通过培训强化了服务意识	X_{26}	等级
			6.通过培训强化了法律意识	X_{27}	等级
			7.通过培训强化了创新意识	X_{28}	等级
	行为层	工作态度	1.培训后更富有创新精神	X_{29}	等级
		工作能力	2.培训后增强了分析问题能力	X_{30}	等级
			3.培训后增强了公共服务能力	X_{31}	等级
	结果层	工作业绩	1.培训后提升了工作质量	X_{32}	等级
		组织能力	1.培训后政府创新能力得到提升	X_{33}	等级
			2.培训后政府决策能力得到提升	X_{34}	等级
			4.培训后政府统筹能力得到提升	X_{35}	等级
		政府形象	5.培训后政府公正形象得到提升	X_{36}	等级
			6.培训后政府法治形象得到提升	X_{37}	等级
			7.培训后政府创新形象得到提升	X_{38}	等级
			8.培训后政府服务形象得到提升	X_{39}	等级
		政府服务	9.培训后政府服务水平得到提升	X_{40}	等级
			10.培训后政府服务质量得到提升	X_{41}	等级
			11.培训后政府服务效率得到提升	X_{42}	等级
		政府绩效	12.培训后政府政治绩效得到提升	X_{43}	等级
			13.培训后政府经济绩效得到提升	X_{44}	等级
			14.培训后政府社会绩效得到提升	X_{45}	等级

　　由于上述技术分析,在一定程度上破坏了理论构建的维度,与高质量的问卷有一定的偏差,因此,课题组向有关专家和 MPA 学员进行了咨询,主要咨询他们干部教育培训绩效评估指标体系构建的科学性和合理性,及其作为评估工具的可行性。在此基础上,课题组根据鉴别力系数与干部教育培训绩效评估的内涵与构成,对指标进行了调整,将已淘汰的找回,将已入选的剔除,并对原有指标的用词进行了修正。如表 4.7、表 4.8和表 4.9 所示。

表 4.7　指标增加

领域层	指标层(评估指标)
反应层	教学设施先进
学习层	通过培训知识结构更加完善
	通过培训思想观念更加务实
行为层	培训后更富有工作责任感
	培训后更富有工作进取心
	培训后增强了组织管理能力
	培训后增强了沟通协调能力
	培训后增强了科学决策能力
结果层	培训后提升了工作质量
	培训后公众的满意度得到提升

表 4.8　指标剔除

领域层	指标层(评估指标)
反应层	教学内容具有系统性
	教学环境幽雅
行为层	培训后增强了公共服务能力

表 4.9　指标调整

原指标	调整后指标
注重启发式教学	注重多样化教学
培训后政府服务水平得到提升	培训后政府服务能力得到提升

在最后确定的指标体系中,共有 52 个指标。其中,反应层 20 个,学习层 9 个,行为层 7 个,结果层 16 个。这 52 个评估指标均属于正向指标,即指标值越高,干部教育培训绩效越高。

第四节 干部教育培训绩效评估问卷 的信度与效度检验

课题组借助 2011 年夏季在海南和江西调研之际,组织召开部分县(市、区)有关负责人参加的专题会议,结合当前干部教育培训的实际,将第四轮干部教育培训绩效评估指标体系 X[4] 咨询了有关专家,主要咨询他们干部教育培训绩效评估指标体系构建的科学性和合理性,以及将这一评估指标体系作为干部教育培训绩效的评估工具的可行性。本次意见征求均得到了这些专家的首肯。根据专家的意见和建议,我们对某些指标的语言表述进行了修改。此外,课题组又多次与浙江大学继续教育学院领导进行交流,从座谈会中获取宝贵意见和建议,使评估指标的陈述更易懂,更具可操作性,以便能够顺利展开调查研究。为此,最终形成了干部教育培训绩效评估问卷(见附录二)。

完善干部教育培训绩效评估是提高干部教育培训质量的关键环节,是促进干部教育培训事业长远发展的基石,在未来必将受到更为广泛的关注。然而,目前的干部教育培训绩效评估,主观随意性很大,且定性评价多于定量评价,缺乏足够的合理性和科学性,不能很好地客观评估干部教育培训的实际绩效。因此,为了保证干部教育培训绩效评估结果的可信性和评估内容的有效性,必须对评估问卷进行信度和效度检验。

一、干部教育培训绩效评估问卷的信度检验

信度(reliability)是指测量(或研究)结果的可靠性或一致性程度。从统计学上讲,信度是指测量结果反映出系统变异的程度。评定测量工具信度的方法有很多,常用的有内部一致性信度、折半信度、重测信度和平行信度等。[60]在实际应用中,可用相关系数(R)来估算测量工具的信度。R 是一个处于 $[0,1]$ 区间的数,当 $R=1$ 时,表明测量结果完全可信、

可靠,当 $R=0$ 时则表明测量结果完全不可信、不可靠。经验表明,当 R 大于或等于 0.7 时,测量工具就基本上符合了测量学的要求。课题组采用内部一致性信度和折半信度来检验干部教育培训绩效评估问卷的信度

内部一致性信度(internal consistent reliability)是根据评估问卷内部结构的一致性程度,对测量信度作出评定。内部一致性程度主要有两种,即库德·理查森(Kuder-Richardson)和克劳伯克(Cronbach)的 α 系数。本研究选用后者,其计算公式如下:

$$R_a = \frac{K}{K-1}\left[1 - \frac{\sum S_i^2}{S^2}\right]$$

式中:K 为评估问卷所包含的评估指标数量(该评估体系 $K = 50$);S_i^2 即为第 i 个评估指标的方差;S^2 是评估总得分的方差。

课题组通过对浙江大学继续教育学院 MPA 班级进行问卷调查获得了 52 个评估指标的数据。运用 SPSS 17.0 统计分析软件计算得到 52 个评估指标的方差和总体方差,进而得到评估体系总体及各类指标的 α 系数(如表 4.10 所示)。结果表明,干部教育培训绩效评估问卷的总体 α 系数为 0.990,其他七个评估维度的 α 系数均大于 0.9,说明该评估问卷具有较高的内部一致性信度。

表 4.10　干部教育培训绩效评估问卷的内部一致性信度(α 系数)

	总　体	反应层	学习层	行为层	结果层
α	0.990	0.974	0.968	0.969	0.989

此外,再运用折半信度来检验干部教育培训绩效评估问卷中评估体系的信度。折半信度属于内在一致性系数,测量的是两半题项得分间的一致性。其具体方法是先把评估体系的 52 个评估指标按奇、偶项分成两半,分别记分,求出两半分数之间的相关系数(r_{xx}),再根据斯皮尔曼—布朗公式(Spearman-Brown formula)确定整个评估体系的信度系数(R_{xx}),计算公式为 $R_{xx} = \frac{2r_{xx}}{1 + r_{xx}}$。经计算得该问卷的评估体系的折半信度系数为 0.940,这也印证了干部教育培训绩效评估问卷中的评估体系具有较高的信度。

二、干部教育培训绩效评估问卷的效度检验

效度（validity），即测量的有效程度，是指测量工具或手段能够准确测出真正想要测量的特质（或东西）的程度。从统计学上讲，效度是指测量结果与效标之间的相关程度，相关程度越高即表明测量结果越有效。[60]效度测量方法因研究需要而异，常用的方法有内容效度、构思效度、辨别效度、效标关联效度等。本研究采用的是构思效度（construct validity）。构思效度也称结构效度，用来说明评估问卷中设计的题目能在多大程度上正确地验证理论构想，常用指标是 KMO 检验（Kaiser-Meyer-Olkin 检验），其计算公式为

$$KMO = \frac{\sum\sum\limits^{i \neq j} r_{ij}^2}{\sum\sum\limits^{i \neq j} r_{ij}^2 + \sum\sum\limits^{i \neq j} p_{ij}^2}$$

反映在计算公式中，r_{ij} 为变量 x_i 与其他变量 x_j 之间的简单相关系数；p_{ij} 为变量 x_i 与其他变量 x_j 之间在控制了剩余变量情况下的偏相关相关系数。KMO 是处于[0，1]区间的数。KMO 越趋近于 1，表明变量间的偏相关性越强，问卷的效度越高。一般而言，一份效度较高的评估问卷的 KMO 值应在 0.7 以上，0.5 以下的评估问卷的效度就不理想了。从样本量来看，一般要求样本的个数至少是变量的 5 倍以上，样本总数据量应在 100 个以上。

研究者根据上述原则，对浙江大学继续教育学院 MPA 班级进行 200 余份问卷，经 SPSS 17.0 统计软件分析发现 KMO 值为 0.953，这说明干部教育培训绩效评估问卷具有较高的效度。

综上所述，由于干部教育培训的特殊性，研究干部教育培训绩效评估具有学术价值和实践意义。按照政治学、公共行政学、管理学、教育学、统计学等相关学科的理论，紧密结合我国当下干部教育培训的实践，科学合理地理论遴选与实证筛选指标，构建干部教育培训绩效评估指标体系，进而编制出干部教育培训绩效评估问卷，能保证评估结果的可信性和有效性。本研究编制的干部教育培训绩效评估问卷，评估内容覆盖面广，题目数量适中，较好地反映了建设学习型政党、进一步加强干部教育培训工作这一新要求，而且信度、效度与可操作性兼具，因此可以作为评估干部教育培训绩效的工具。

第五章　干部教育培训绩效的实证调查与统计分析

干部教育培训绩效的实证调查与统计分析是科学、客观地评估干部教育培训实际绩效的重要环节。笔者严格按照规范的测评程序、科学的取样方法和统计方法，对反应层、学习层、行为层和结果层四个维度及其52个测评项目进行了统计分析，同时应用 FAHP 方法为指标体系赋权。根据笔者建立起来的指标体系，以浙江大学干部教育培训基地为例，对浙江大学干部教育培训绩效的实际水平进行了测评，并分析了不同参训主体之间培训绩效水平的差异问题。

第一节　干部继续教育培训绩效评价指标体系权重的确定

一、模糊层次分析法(FAHP)的基本原理及步骤

完成了评价体系的建立后，就需要确定一种适宜的评价方法。由于干部继续教育培训是一个系统的概念，因此必须采取综合评价的方法。近年来，国内外学者在综合评价方法的研究领域，取得了很大的进展，为评价科技自主创新能力提供了有力的手段。归纳起来，在实践中常用的综合评价方法主要有层次分析方法(analytic hierarchy process)、模糊综合评价方法(fuzzy synthetic evaluation)、人工神经网络方法(artificial neural network)、遗传算法(genetic algorithms)、密切值法(osculating value method)和主成分分析法(principal component analysis)等。在多

指标的综合评价中,无论采用何种分析方法都需要解决评价指标的赋权问题。

评价指标的赋权方法形式多样,但从本质上可以分为两大类,即主观赋权法和客观赋权法。主观赋权法是根据主观经验或专家评判,事先设定好综合评价指标体系中各项指标权重的一种定性分析法。客观赋权法是根据综合评价指标体系中各项指标的内在联系,运用多元统计分析方法,确定各项评价指标权重的一种定量分析方法。本研究采用层次分析法确定区域自主创新的评价指标的权重系数。

层次分析法(Analytic Hierarchy Process,AHP)是美国运筹学家、匹兹堡大学教授 T. L. Saaty 提出的一种在处理复杂的评价(决策)问题中进行方案比较排序的方法,其核心思想是把复杂的评价问题层次化,把评价问题按评价目标、评价领域、评价指标的顺序分解为不同层次的结构。上一层次的元素对相邻的下一层次的全部或部分元素起支配作用。通过求判断矩阵特征向量的办法求得每一层的各元素对上一层次某元素的权重,再利用加权和的方法递阶归并,求出最低层(评价指标)相对于最高层(评价总目标)的相对重要性,从而对最低层各元素进行优劣等级的排序。

AHP 方法的基本思路是:把复杂问题中各种因素通过划分相互联系的有序层次使之条理化;根据对一定客观现实的判断就每一层次的相对重要性给予定量表示;利用数学方法确定表达每一层次的全部元素相对重要性次序的权值;通过排序结果分析,解决问题。

AHP 方法的基本过程是:建立递阶层次结构模型;构造出各层次中的所有判断矩阵;层次单排序及一致性检验;层次总排序及一致性检验(如图 5.1 所示)。

干部继续教育培训绩效评价指标体系是一个具有多层次、多指标的复合体系,在这个复合体系中,各层次、各指标的相对重要性各不相同,难以科学确定,常用的经验估值法、专家确定法等方法存在着较大的局限性。层次分析法通过构造判断矩阵,先对单层指标进行权重计算,然后再进行层次间的指标总排序,以确定所有指标因素对于总指标的相对权重,为确定类似的指标体系权重提供了一种很好的解决途径。利用层次分析法,不仅可以降低工作难度,提高指标权重的精确度和科学性,而且通过采取对判断矩阵进行一致性检验等措施,有利于提高权重确定的信度和

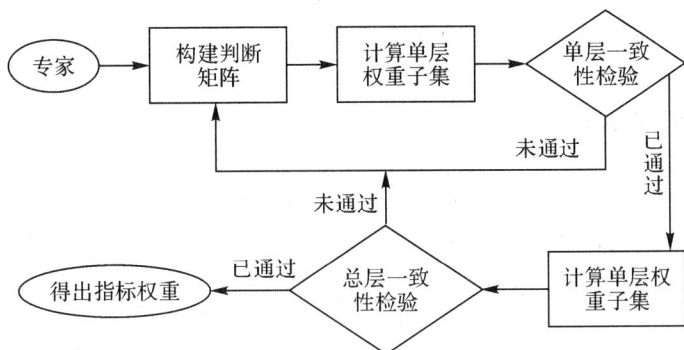

图 5.1 层次分析的操作程序

效度,同时,在计算矩阵特征向量时,可以利用和积法、幂法和方根法等多种思路,并可以应用计算机来处理数据,具有较强的可操作性。

但是,传统的 AHP 方法还存在一定的缺陷。

(1)检验判断矩阵是否具有一致性非常困难

一致性的检验是将判断矩阵的最大特征根与判断矩阵的阶数 n 作比较,若相等,则具有一致性,否则就需要调整判断矩阵的元素,重新进行检验。因此,当判断矩阵的阶数 n 比较大时,精确计算或者再次调整判断矩阵元素都需要相当大的工作量。

(2)没有考虑人判断的模糊性

人们在判断时,会不自觉地应用模糊性,也就是说人们对于一个事物的评价并不是非黑即白,而是存在灰色区域,因此用一个简单的数值难以表达一个人的真实判断,应该采用一个区间进行判断。所以采用 1～9 标度的划分来进行重要程度的判断恰恰就违反了人们这种真实思维的模糊性,使得整个计算过程显得僵硬、失真。

基于上述问题,很多学者在应用 AHP 方法的时候,将模糊数学的概念引入其中,拓展了 AHP 的应用环境,这种拓展就称为模糊 AHP 法(Fuzzy AHP,简称 FAHP)。本课题在应用中引入了三角模糊数和最优传递矩阵的概念,通过这种拓展,模拟了人判断的模糊性,并且避免了一致性检验,提高了绩效分析的效率,也增强了本课题的适用性和实用性。

(一)模糊层次分析法(FAHP)[61]

1.三角模糊数

定义 记 $F(R)$ 为 R 上的全体模糊集合,设 $M \in F(R)$,如果

(1) $\exists X_0 \in R$,使得 $\mu_M(X_0) = 1$;

(2) $\forall \lambda \in (0,1)$, $M_\lambda = [\frac{x}{\mu_M(X)} \geqslant \lambda]$ 是一个凸集;

(3) M 的隶属函数 $\mu_M(X)$, $R \to [0,1]$ 表示为

$$\mu_M(X) = \begin{cases} \dfrac{1}{m-1}x - \dfrac{1}{m-1}, & X \in [1,m] \\[2mm] \dfrac{1}{m-u}x - \dfrac{u}{m-u}, & X \in [m,u] \\[2mm] \quad\quad 0 & \text{其他} \end{cases}$$

上式中:$1 \leqslant m \leqslant u$, 1 和 u 分别为 m 所支撑的上界和下界,而 m 为 M 的中值,称 M 为三角模糊数,一般地三角数可记为 (l, m, u),如图5.2所示。

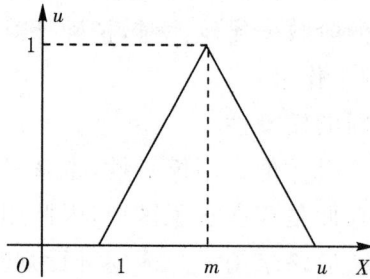

图5.2 三角模糊数

2.三角模糊数的性质定理

定理 如果 $M_1 = (l_1, m_1, u_1)$, $M_2 = (l_2, m_2, u_2)$ 是两个模糊数,则有

(1) $M_1 \oplus M_2 = (l_1, m_1, u_1) \oplus (l_2, m_2, u_2) = (l_1 + l_2, m_1 + m_2, u_1 + u_2)$

(2) $M_1 \otimes M_2 = (l_1, m_1, u_1) \otimes (l_2, m_2, u_2) = (l_1 l_2, m_1 m_2, u_1 u_2)$

(3) $\forall \lambda \in R$, $\lambda_M = \lambda_{(l,m,u)} = (\lambda_l, \lambda_m, \lambda_u)$

(4) $\dfrac{1}{M} = \left(\dfrac{1}{u}, \dfrac{1}{m}, \dfrac{1}{l} \right)$

（5）设有 k 个三角模糊数，则三角模糊数 M 大于这 k 个三角模糊数的可能性程度为

$$V(M \geqslant M_1, M_2, \cdots, M_k) = \overset{i=1,2,\cdots,k}{\min} V(M \geqslant M_i)$$

（6）对于 M_1、M_2 两个三角模糊数，M_1 大于 M_2 的纯度测量为

$$V(M_1 \geqslant M_2) = \begin{cases} \dfrac{l_2 - u_1}{(m_1 - u_1) - (m_2 - l_2)} & l_2 \leqslant u_1 \\ 0 & 其他 \end{cases}$$

（二）最优传递矩阵

为了解决传统 AHP 方法中的一致性判断和调整困难的问题，不少文献都提出了一些改进办法，但是在 FAHP 方法中，模糊判断矩阵实际上已经与传统 AHP 的判断矩阵有了很大的区别，因此采用不合适的方法范围会引起新的问题。最优传递矩阵可以自动调整模糊判断矩阵，使之满足一致性要求，这恰恰符合 FAHP 方法中一致性判断的要求，因此我们在这里引入了最优传递矩阵。具体方法如下所述。

1. 构造矩阵 $B = [b_{ij}]$

$$B = \lg A$$

上式中：$A = [a_{ij}]$ 为模糊判断矩阵。由于 A 为互反矩阵（即 $a_{ij} = \dfrac{1}{a_{ij}}$），则 B 为反对称矩阵。

2. 构造矩阵 $C = [c_{ij}]$

$$c_{ij} = \frac{1}{n} \sum_{k=1}^{n} (b_{ik} - b_{jk})$$

矩阵 C 称为矩阵 B 的最优传递矩阵。

3. 构造矩阵 A^*

$$A^* = 10^{c_{ij}}$$

矩阵 A^* 称为 A 的拟优传递矩阵，并且它是一致的。所以采用矩阵 A^* 作为判断矩阵求权值，就不必进行一致性检验。

(三)模糊层次分析法的步骤[62]

1.建立评价指标体系

通过对评价问题的深入分析,将评价指标划分为不同的层次,形成一个递阶层次结构分析模型。

2.各指标两两比较判断

采用 1~9 标度对各指标进行两两比较打分。调查表的形式与打分方法与传统的 AHP 法一样,只是在此基础上对打分进行模糊扩展(见表5.1)。扩展的三角模糊数的形式为 $a_{ij}=(l,m,u)$,其中,m 表示根据1~9标度法进行的打分,l、u 表示判断的模糊程度。$u-l$ 越大,表示比较判断的模糊性越高;当 $u-l=0$ 时,则判断是非模糊的,与一般意义下的1~9标度法相同。指标 j 与 i 的重要性比较可利用三角模糊数的倒数运算。

表 5.1　标度的含义和模糊扩展

标度 a_{ij}	含　义	三角模糊扩展
1	i 因素与 j 因素同等重要	$\left(\dfrac{2}{3},1,\dfrac{3}{2}\right)$
3	i 因素比 j 因素略重要	$\left(\dfrac{5}{2},3,\dfrac{7}{2}\right)$
5	i 因素比 j 因素重要	$\left(\dfrac{9}{2},5,\dfrac{11}{2}\right)$
7	i 因素比 j 因素重要得多	$\left(\dfrac{13}{2},7,\dfrac{15}{2}\right)$
9	i 因素比 j 因素略绝对重要	$\left(\dfrac{17}{2},9,\dfrac{19}{2}\right)$
2,4,6,8	介于以上两种判断之间的状态的标度	$\left(\dfrac{m-1}{2},m,\dfrac{m+1}{2}\right)$
倒数	若 j 因素与 i 因素相比较,得到的结果为 $\dfrac{1}{a_{ij}}$	$\left(\dfrac{1}{u},\dfrac{1}{m},\dfrac{1}{l}\right)$

3.构造一致性模糊判断矩阵

将以上评分值加总,并取其平均数来确定模糊判断矩阵 $A=$

$(a_{ij})_{n \times n}$，在此基础上，引入最优传递矩阵的概念，构造具有一致性的模糊判断矩阵

$$A^* = (a_{ij}^*)_{n \times n}$$

$$a_{ij} = \frac{1}{t} \otimes \sum_{k=1}^{t} a_{ij}^{(k)} = \left(\frac{1}{t} \otimes \sum_{k=1}^{t} l_{ij}^{(k)} \otimes \sum_{k=1}^{t} m_{ij}^{(k)} \otimes \sum_{k=1}^{t} u_{ij}^{(k)} \right)$$

$$a_{ij}^* = 10^{\frac{1}{n} \sum_{k=1}^{n} (\lg a_{ik} - \lg a_{jk})}$$

上式中 t 为参加评分的总人数，其中 a_{ij}^* 的计算是利用了最优传递矩阵的概念，并且将多步计算简化为一步。

4. 指标的综合重要程度值

利用"权重和"型模糊综合程度值公式，求得每个指标与其他指标相比较的综合重要程度值。

$$S_i = \sum_{j=1}^{n} a_{ij}^* \otimes \left[\sum_{i=1}^{n} \sum_{j=1}^{n} a_{ij}^* \right]^{-1}$$

5. 指标 i 大于指标 $k(k = 1, 2, 3, \cdots, n; k \neq i)$ 的纯度测量

$$V(S_i \geqslant S_k) = \frac{l_k - u_i}{(m_i - u_i) - (m_k - l_k)}$$

6. 指标 i 优于其他指标的可能性程度 $d(A_i)$

$$d(A_i) = \min V(S_i \geqslant S_k)(k = 1, 2, 3, \cdots, n; k \neq i)$$

式中：A_i 表示第 i 个指标。

由此得到权重向量

$$W' = [d'(A_1), d'(A_2), \cdots, d'(A_n)]^{\mathrm{T}}$$

归一化后得到实际的权重向量

$$W = [d(A_1), d(A_2), \cdots d(A_n)]^{\mathrm{T}}$$

从上面的步骤中我们可以发现，模糊层次分析法计算权重的核心思想是：计算 $S_i \geqslant S_k$ 的可能性程度，可能性程度最小的即为对应指标的权重。而从可能性程度的计算公式以及定理(6)我们可以发现，存在 $V(S_i \geqslant S_k) = 0$。这时该算法无法求出指标权重，因为 $V(S_i \geqslant S_k) = 0$，则对应权重为 0，一般情况下权重不可能为 0。

因此,在求出综合重要程度值 S_i 后,采用面积重心法计算权重。所谓重心法,就是取模糊隶属度函数与横坐标围城面积的重心作为代表点,以其对应的横坐标作为该模糊输出(本文中为权重对应的模糊三角数)的非模糊值

$$d(A_i) = \frac{\int x\mu_M(x)\mathrm{d}x}{\int \mu_M(x)\mathrm{d}x}$$

二、基于 FAHP 方法的指标权重设定

为了确定指标体系的权重,笔者以问卷的形式(参见附录三),选取了包括浙江大学干部教育培训基地的教务管理人员、培训教师以及浙江大学公共管理学院博士生在内的 17 位专家,通过专家对干部教育培训绩效评估指标两两比较后的重要性排序计算,获得了指标体系的权重。根据干部教育培训绩效评估指标体系实证筛选后最终选出的 52 个指标,并结合权重,最终建立了我国干部教育培训绩效评估指标体系,如表 5.2 所示。

表 5.2　干部教育培训绩效评估最终指标体系

一级指标	相对权重	准则层 2	相对权重	准则层 3	相对权重	最终权重
反应层	0.11	教学目标	0.06	教学目标科学合理	0.38	0.002508
				教学目标切合实际	0.62	0.004092
		教学材料	0.04	教学材料内容丰富	0.42	0.001848
				教学材料值得保存	0.58	0.002552
		教学内容	0.08	教学内容具有前瞻性	0.22	0.001936
				教学内容具有针对性	0.24	0.002112
				教学内容具有实用性	0.54	0.004752
		教学方法	0.10	注重多样化教学	0.45	0.00495
				注重师生的互动	0.55	0.00605
		教学态度	0.11	教学态度科学严谨	1.00	0.0121

续表

一级指标	相对权重	准则层2	相对权重	准则层3	相对权重	最终权重
反应层	0.11	教学能力	0.13	教学逻辑严密	0.49	0.007007
				教学情感丰富	0.51	0.007293
		教学效果	0.21	能激发学员积极思考	0.25	0.005775
				能激发学员创新思维	0.41	0.009471
				能激发课堂活跃气氛	0.34	0.007854
		教学设施	0.05	教学设施先进	1.00	0.0055
		教学实践	0.14	教学实践具有较强的针对性	0.31	0.004774
				教学实践具有较强的新颖性	0.25	0.00385
				教学实践能满足学员的需求	0.44	0.006776
		教务管理	0.07	教学服务周到细致	1.00	0.0077
学习层	0.20	理论知识	0.08	通过培训知识得到及时更新	0.44	0.00704
				通过培训知识结构更加完善	0.56	0.00896
		思想观念		通过培训思想观念更加解放	0.43	0.01978
				通过培训思想观念更加务实	0.57	0.02622
学习层	0.20	思维特征	0.3	通过培训思维更富有科学性	0.47	0.0282
				通过培训思维更富有创新性	0.53	0.0318
		意识水平	0.39	通过培训强化了服务意识	0.26	0.02028
				通过培训强化了法律意识	0.34	0.02652
				通过培训强化了创新意识	0.40	0.0312
行为层	0.28	工作态度	0.38	培训后富有工作责任感	0.35	0.03724
				培训后更富有工作进取心	0.28	0.029792
				培训后更富有创新精神	0.37	0.039368
		工作能力	0.62	培训后增强了分析问题能力	0.15	0.02604
				培训后增强了组织管理能力	0.17	0.029512
				培训后增强了科学决策能力	0.38	0.065968
				培训后增强了沟通协调能力	0.30	0.05208

续表

一级指标	相对权重	准则层2	相对权重	准则层3	相对权重	最终权重
结果层	0.42	工作业绩	0.1	培训后提升了工作效率	0.40	0.0168
				培训后提升了工作质量	0.60	0.0252
		组织能力	0.15	培训后政府创新能力得到提升	0.21	0.01323
				培训后政府决策能力得到提升	0.38	0.02394
				培训后政府统筹能力得到提升	0.41	0.02583
		政府形象	0.12	培训后政府公正形象得到提升	0.13	0.006552
				培训后政府法治形象得到提升	0.24	0.012096
				培训后政府创新形象得到提升	0.22	0.01088
				培训后政府服务形象得到提升	0.42	0.021168
		政府服务	0.35	培训后政府服务能力得到提升	0.13	0.01911
				培训后政府服务质量得到提升	0.25	0.03675
				培训后政府服务效率得到提升	0.19	0.02793
				培训后公众的满意度得到提升	0.43	0.06321
		政府绩效	0.28	培训后政府政治绩效得到提升	0.29	0.03410
				培训后政府经济绩效得到提升	0.24	0.028224
				培训后政府社会绩效得到提升	0.47	0.055272

第二节　干部教育培训绩效评估指标的数据采集

　　研究取样是研究样本选择的简称，就是从一个总体中抽取部分具有代表性的个体作为研究样本。一般来说，以一个总体作为研究对象往往是不可能的，而且也是不必要的。研究取样时，抽取的样本必须能代表总体，然后才能把将来研究得出的结论有效地推广应用到总体甚至更大的范围中去。研究取样的方法有多种，大致可分为概率取样和非概率取样。概率取样与非概率取样又各自包含多种方法。

　　干部教育培训绩效评估指标体系确定之后，笔者将其制成调查问卷。

问卷题项基于里克特量表进行设计,即问题由针对某种事物的态度或看法的陈述组成。[63]所有题项都采用 7 级打分法,要求被调查者对其参加干部教育培训的满意度和实际效果进行 1 至 7 级的评价。

问卷以到浙江大学干部教育培训基地进行培训的党政人员为发放对象。浙江大学干部教育培训基地是 2009 年中组部根据大规模干部培训、大幅度提高干部素质的战略需求所选定的 13 个高校培训基地之一。依托浙江大学的科研优势、学科优势、人才优势以及国际学术交流广的优势,该基地具有一定的办学规模和较强的培训品牌影响力,是国内一流的干部教育培训基地之一。

为了保证所选取样本的代表性,结合研究问题的需要,此次问卷根据随机抽样的原则,随机抽取了若干在浙江大学干部教育培训基地参加培训的党政干部班次。在培训经过 5 天之后,通过带班班主任的协调,将问卷分发到参训人员手中,并当场回收。具体发放时间为 2012 年 2—3 月,共发放问卷 250 份,回收问卷 240 份,剔除不合格问卷 27 份,得到有效问卷为 212 份,有效问卷回收率为 84.8%。具体回收情况如下。

1. 性别构成

此次问卷发放者中男性 158 人,占有效人数的 74.5%,女性 54 人,占有效人数的 35.5%(见图 5.3)。

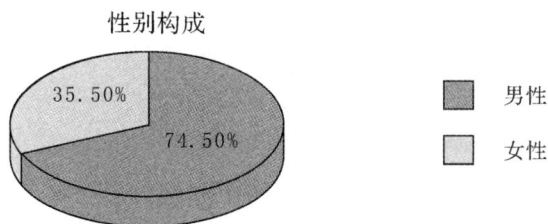

图 5.3 问卷调查性别构成图

2. 单位性质构成

如图 5.4 所示,在被调查人群中,单位性质为党政机关的人数是 174,占总人数的 82.1%,剩下的 17.9% 为事业单位人员。

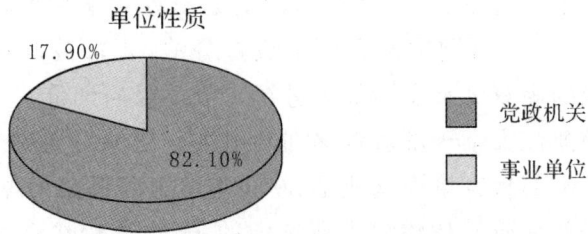

图 5.4　问卷调查单位性质构成图

3.职务构成

图 5.5 显示了被调查者职务构成的情况。其中,职务为干事的被调查者人数为 40 人,占总数的 18.8%;职务为副科的被调查者人数为 60人,占比重较多,为总人数的 28.3%;职务为正科的被调查者人数为 43人,占总人数的 20.3%;职务为副处的被调查者人数为 45 人,占总人数的 21.2%;职务为正处的被调查者人数为 20 人,占总人数的 9.4%;职务为副厅及以上的被调查者人数为 4 人,仅占总人数的 1.9%。

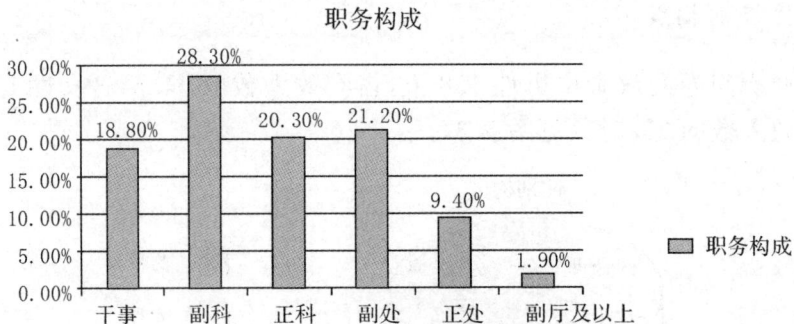

图 5.5　问卷调查职务构成图

4.年龄构成

本次被调查人群,年龄在 25 岁以下的仅有 1 人,占总人数的 0.5%;年龄在 26~35 岁阶段的被调查者人数为 38 人,占总数的 17.9%;年龄在 36~45 岁阶段和 46~55 岁阶段的被调查者人数较多,分别为 87 人和75 人,占总数的 41% 和 35.4%;年龄在 56~65 岁的被调查者有 11 人,占总数的 5.2%（见图 5.6）。

年龄构成

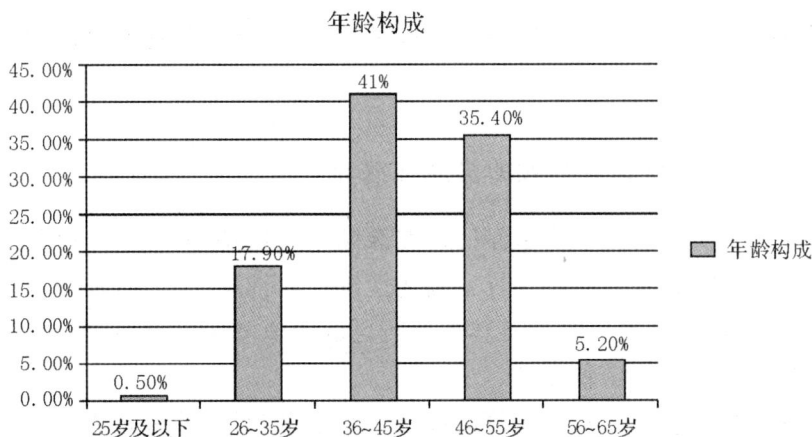

图 5.6　问卷调查年龄构成图

5.学历构成

本次被调查者学历水平较高,其中专科学历以下的被调查者仅有 3 人,占总人数的 1.4%;专科学历的被调查者有 28 人,占总人数的 13.2%;本科学历的被调查者人数为 150 人,占总人数的 70.8%;研究生学历的被调查者有 28 人,占总人数的 13.2%;研究生以上学历的被调查者有 3 人,占总人数的 1.4%（见图 5.7）。

学历构成

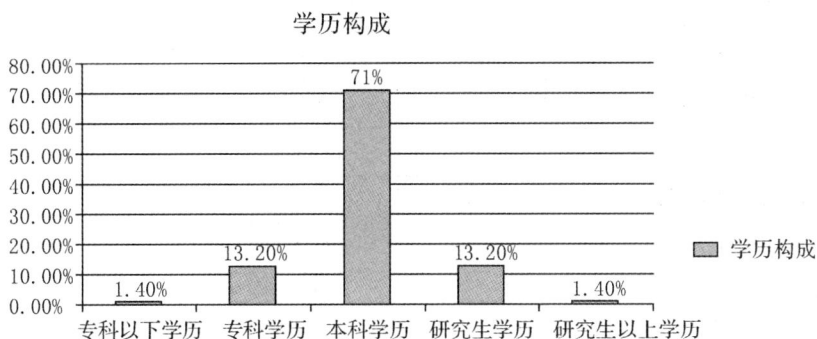

图 5.7　问卷调查学历构成图

第三节　干部教育培训绩效评估的实证分析

一、干部教育培训绩效的描述性统计分析

科学的统计分析方法是保证研究课题获得成功的关键。本课题组首先对学员反馈的评估信息进行了描述性统计，目的在于了解和把握反应、学习、行为和结果四个维度及其测评项目的均值和标准差，以便能够掌握干部教育培训的实际表现。

为了能够显示不同层次的培训绩效大小，使后文的分析更加科学化、合理化、准确化，本文对四个不同纬度分别进行描述性统计分析。

1. 反应层测评结果的描述性统计分析

具体的数据分析结果见表5.3。

表 5.3　反应层测评项目描述性统计分析结果

测评项目	均　值	标准差	最小值	最大值
教学目标科学合理	5.97	0.817	4	7
教学目标切合实际	5.91	0.863	3	7
教学材料内容丰富	5.94	0.989	2	7
教学材料值得保存	5.91	0.986	2	7
教学内容具有前瞻性	6.08	0.857	4	7
教学内容具有针对性	5.97	0.865	3	7
教学内容具有实用性	5.86	0.953	3	7
注重多样化教学	5.79	0.982	3	7
注重师生的互动	5.61	1.132	2	7
教学态度科学严谨	6.14	0.848	4	7
教学逻辑严密	6.08	0.859	4	7
教学情感丰富	6.17	0.837	4	7

续表

测评项目	均　值	标准差	最小值	最大值
能激发学员积极思考	6.07	0.857	3	7
能激发学员创新思维	6.06	0.869	3	7
能激发课堂活跃气氛	6.01	0.911	4	7
教学设施先进	5.76	1.049	2	7
教学实践具有较强的针对性	5.79	0.922	3	7
教学实践具有较强的新颖性	5.88	0.941	3	7
教学实践能满足学员的需求	5.78	0.945	3	7
教学服务周到细致	6.23	0.819	4	7

　　上述是代表了干部教育培训绩效反应层的 20 个测评项目。在测评结果的统计分析中,均值、最大值和最小值的取值范围均为[1,7],即绩效的最高值为 7,最低值为 1。从上述统计分析结果可以看出,均值范围均在 5～7 之间,处于相对较高的区间,最高值为"教学服务周到细致",学员评分均值为 6.23,最低为"注重师生的互动",学员评分均值为 5.61。在标准差的统计结果中,最大值为"注重师生的互动",标准差为 1.132,最小值为"教学目标科学合理",标准差为 0.817,说明参与评价的学员在"反应层"这一维度上保持相对一致的评价。

2.学习层测评结果的描述性统计分析

　　具体的数据分析结果见表 5.4。

表 5.4　学习层测评项目描述性统计分析结果

测评项目	均　值	标准差	最小值	最大值
通过培训知识结构更加完善	6.05	0.886	3	7
通过培训知识得到及时更新	6.00	0.931	3	7
通过培训思想观念更加解放	6.11	0.858	3	7
通过培训思想观念更加务实	6.09	0.860	4	7
通过培训思维更富有科学性	6.03	0.887	3	7
通过培训思维更富有创新性	6.03	0.837	3	7

续表

测评项目	均　值	标准差	最小值	最大值
通过培训强化了服务意识	5.92	0.980	3	7
通过培训强化了法律意识	5.90	1.016	2	7
通过培训强化了创新意识	6.09	0.855	3	7

上述代表了干部教育培训绩效学习层的 9 个测评项目。从上述统计结果可以看出,9 个测评项目的均值分布在 5.90～6.11 之间,处于相对较高的区间,最高值为"通过培训思想观念更加解放",学员评分均值为6.11,最低值为"通过培训强化了法律意识",学员评分均值为 5.90。在标准差的统计结果中,最大值为"通过培训强化了法律意识",标准差为1.016,最小值为"通过培训思维更富有创新性",标准差为 0.837,说明参与评价的学院在"学习层"这一维度上保持相对一致的评价。

3.行为层测评结果的描述性统计分析

一般而言,行为层和结果层的测评都是在参训学员回到单位一段时间(3～6 个月)后,由单位进行测评的。但是本研究为了数据采集的方便,将调查问卷的指导语中设置为"请您根据自己参加的浙江大学干部教育培训的实际感受和预测判断,对每个测评项目的认同程度做出自己的评估",所以后两层的评估为参训学员的预测评估。在结果层的统计分析中,如果没有特殊注明,与行为层的测评相一致。

行为层测评项目描述性统计分析结果见表 5.5。

表 5.5　行为层测评项目描述性统计分析结果

测评项目	均　值	标准差	最小值	最大值
培训后富有工作责任感	6.07	0.913	3	7
培训后更富有工作进取心	6.08	0.915	3	7
培训后更富有创新精神	6.14	0.837	4	7
培训后增强了分析问题能力	6.16	0.793	4	7
培训后增强了沟通协调能力	6.04	0.881	3	7
培训后增强了组织管理能力	6.08	0.868	4	7
培训后增强了科学决策能力	6.05	0.847	4	7

上述代表了干部教育培训绩效行为层的 7 个测评项目。从上述统计结果可以看出,7 个测评项目的均值分布在 6～7 之间,处于得分较高的区间,最高值为"培训后增强了分析问题能力",学员评分均值为 6.16,最低值为"培训后增强了沟通协调能力",学员评分均值为 6.04。在标准差的统计结果中,最大值为"培训后更富有工作进取心",标准差为 0.915,最小值为"培训后增强了分析问题能",标准差为 0.793,说明参与评价的学院在"行为层"这一维度上保持相对一致的评价。

4. 结果层测评结果的描述性统计分析

具体的数据分析结果见表 5.6。

表 5.6　结果层测评项目描述性统计分析结果

测评项目	均　值	标准差	最小值	最大值
培训后提升了工作效率	5.84	0.925	3	7
培训后提升了工作质量	5.84	0.897	3	7
培训后政府创新能力得到提升	5.74	0.915	3	7
培训后政府决策能力得到提升	5.76	0.919	3	7
培训后政府统筹能力得到提升	5.74	0.915	3	7
培训后政府公正形象得到提升	5.64	0.980	3	7
培训后政府法治形象得到提升	5.60	1.060	1	7
培训后政府创新形象得到提升	5.63	1.048	1	7
培训后政府服务形象得到提升	5.63	1.001	3	7
培训后政府服务能力得到提升	5.63	1.060	2	7
培训后政府服务质量得到提升	5.60	1.059	2	7
培训后政府服务效率得到提升	5.62	1.030	2	7
培训后公众的满意度得到提升	5.63	1.001	3	7
培训后政府政治绩效得到提升	5.60	1.046	2	7
培训后政府经济绩效得到提升	5.62	1.049	2	7
培训后政府社会绩效得到提升	5.60	1.077	2	7

上述代表了干部教育培训绩效行为层的 16 个测评项目。从上述统计结果可以看出,16 个测评项目的均值分布在 5～6 之间,处于相对较高的区间,最高值为"培训后提升了工作效率"和"培训后提升了工作质量",学员评分均值为 5.84,最低值为"培训后政府法治形象得到提升"、"培训后政府服务质量得到提升"和"培训后政府社会绩效得到提升",学员评分均值为 5.60。在标准差的统计结果中,最大值为"培训后政府社会绩效得到提升",标准差为 1.077,最小值为"培训后提升了工作质量",标准差为0.897,说明参与评价的学院在"结果层"这一维度上保持相对一致的评价。

二、干部教育培训绩效的实际测评分析

干部教育培训绩效是干部教育培训教学具体实施和教学效果的综合反映。为了考察浙江大学干部教育培训工作的实际绩效,首先通过科学的方法,建立了干部教育培训绩效综合评价体系(见表 5.2);其次通过FAHP 的方法,确定了干部教育培训绩效综合评价体系的指标权重(见表 5.2);再次,通过对参训学员的实际考察,计算浙江大学干部教育培训的综合绩效水平;最后,为了便于对比分析,用效用值表征干部教育培训绩效水平的高低,并规定效用值的取值区域范围为[1,7],即绩效最高的效用值为 7,最低的效用值为 1。课题组以此效用值为依据,考察了浙江大学干部教育培训绩效的实际水平。

(一)浙江大学干部教育培训实际绩效测评

通过上述步骤,我们课题组根据相应问卷考察了浙江大学干部教育培训的绩效水平,如表 5.7 所示。

表 5.7　浙江大学干部教育培训绩效

	均　　值	标准差	最小值	最大值
总体绩效	5.8897	0.79506	3.53	7.00
反应层绩效	0.6027	0.07727	0.40	0.71
学习层绩效	1.2054	0.16109	0.67	1.40
行为层绩效	1.7032	0.22262	1.02	1.96
结果层绩效	2.3785	0.39758	1.28	2.94

从表 5.7 可以看出,浙江大学干部教育培训的总体绩效水平均值为 5.9,标准差为 0.795,最小值为 3.53,最大值为 7。可见浙江大学干部教育培训工作总体上达到了优质办学、优质教学的目的,不仅让学员体验了到了规范、轻松、充实的学习流程,而且通过这次培训,使学员真正做到学以致用,将所学、所见、所闻真正融入到工作中去,取得了不错的绩效。但是我们也应该看到,在总体绩效考察的水平上,最大值和最小值差距过大,说明浙江大学在课程设置、课程培训的过程中,对所有的学员一概而论,没有考虑参训学员和课程设置的特殊性,以至于不同的学员对课程得出了不同的感受。导致这种结果产生的因素可能是年龄,也可能是不同的教育背景和工作环境,具体因素我们将在下面的分析中得出。但是结果却应该引起干部教育培训工作者的重视,在照顾大多数学员的基础上,应该针对课程和学员的特殊性,在一定程度上因材施教,最大限度地满足学员的需要。

1. 反应层绩效水平考察

反应层绩效水平均值为 0.6027,标准差为 0.077,最小值为 0.4,最大值为 0.71,在其自身的得分配比上也到了较高的水平(得分配比[①]为 7×0.11＝0.77)。反应层包含了教学目标、教学材料、教学内容、教学方法、教学态度、教学能力、教学效果、教学设施、教学实践、教务管理 10 个二级指标。直接反映了培训项目的受训者对于培训的满意程度,具体为对学习资料、授课教师、教学方法、内容、环境和组织等的看法。根据受训者所提供的意见反馈,我们可以调整相应的教学方式和方法,满足受训者要求。

在反应层所包含的 10 个二级指标中,教学内容、教学方法、教学态度、教学能力、教学效果、教学实践得分较高(见表 5.8 和图 5.8),且所有指标在绩效得分比[②]上都超过 80%,说明浙江大学干部教育培训的教学内容丰富;教学方法先进,注重启发式教学;教学态度认真;教学能力突

---

① 即根据相应指标权重,该层指标体系可获得的最高分。

② 即实际绩效均值得分与得分配比的比值,考察该指标达标情况。

出,有优质的教师团队;教学效果良好,学员满意程度高;教学实践具有针对性,学有所用;教学材料的选择丰富;教学环境幽雅,教学设施满足教学要求。但是教学管理得分较低,且绩效得分比严重过小,说明教学管理不够严格规范,主要体现在教学服务不细致周到,在今后应该作为重点考察项目予以跟进,以便及时改正缺点,调整相应的教学安排,满足广大参训学员的需要。

表 5.8　反应层绩效水平

二级指标	均　值	得分配比	绩效得分比	标准差	最小值	最大值
教学目标	0.0392	0.0462	0.85	0.00537	0.02	0.05
教学材料	0.0261	0.0308	0.85	0.00411	0.01	0.03
教学内容	0.0522	0.0616	0.85	0.00740	0.03	0.06
教学方法	0.0626	0.077	0.81	0.01118	0.03	0.08
教学态度	0.0743	0.0847	0.88	0.01026	0.05	0.08
教学能力	0.0876	0.1001	0.88	0.01158	0.06	0.10
教学效果	0.1396	0.1617	0.86	0.01900	0.09	0.16
教学设施	0.0317	0.0385	0.82	0.00577	0.01	0.04
教学实践	0.0894	0.1078	0.82	0.01364	0.05	0.11
教学管理	2.6×10^{-6}	0.0539	4.8×10^{-5}	3.42×10^{-7}	1.6×10^{-6}	2.9×10^{-6}

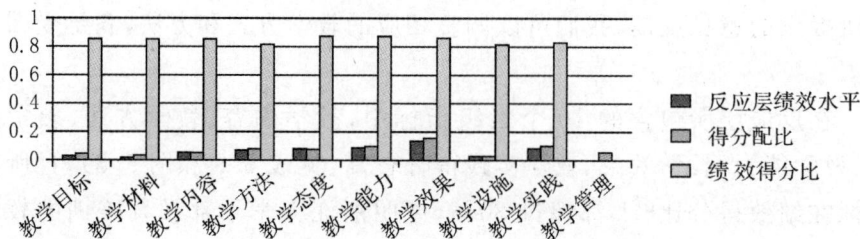

图 5.8　反应层绩效水平示意图

2.学习层绩效水平考察

学习层绩效水平均值 1.2054,标准差为 0.16109,最小值为 0.67,最大值为 1.40,在其自身的得分配比上也到了较高的水平(得分配比为 7×0.2＝1.4)。学习层包含了理论知识、思想观念、思维特征、意识水平 4 个二级指标。衡量了受训者对知识、技能和态度等培训内容的掌握程度,具体为受训者学到了哪些知识,掌握或提升了哪些技能,在哪些态度上发生了转变等。

如表 5.9 所示,在学习层所包含的 4 个二级指标中,四个指标得分均较高,且绩效得分比全部达到 85％以上(见表 5.9 和图 5.9),这说明通过培训,参训学员的知识面进一步拓宽,知识结构更加完善;思想观念更加解放、创新、务实;思维更富有系统性、严密性和科学性;通过培训进一步增强了干部学员的法律意识、廉政意识、成本意识、效率意识和创新意识等。

表 5.9　学习层绩效水平

二级指标	均　值	得分配比	绩效得分比	标准差	最小值	最大值
理论知识	0.0963	0.112	0.86	0.01410	0.05	0.11
思想观念	0.2807	0.322	0.87	0.03807	0.16	0.32
思维特征	0.3617	0.42	0.86	0.05014	0.18	0.42
意识水平	0.4667	0.546	0.85	0.06862	0.26	0.55

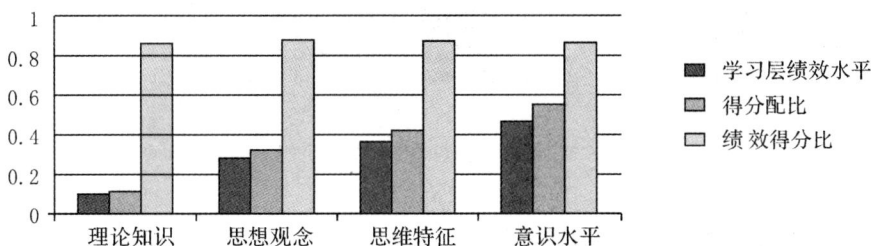

图 5.9　学习层绩效水平示意图

3.行为层绩效水平考察

行为层绩效水平均值为 1.7032,标准差为 0.22262,最小值为 1.02,最大值为 1.96,在其自身的得分配比上也到了较高的水平(得分配比为 7×0.28=1.96)。行为层包含工作态度和工作能力两个维度,主要考察受训人员在回到工作岗位后,将所学的知识和技能应用到工作中的表现和工作态度的改变。

在行为层所包含的两个二级指标中,两个指标得分均较高,且绩效得分比全部达到 85% 以上(见表 5.10 和图 5.10),说明通过培训,参训学员对于工作态度和工作能力的转变抱有很大的期待,期望通过这次培训使自己变得更富有工作责任感、工作进取心、纪律性和敬业精神;在平常的工作中,能够更好地发现问题、分析问题、解决问题,能更好地与同事沟通,增强自己的组织决策能力和行政执行能力等。

表 5.10　行为层绩效水平

二级指标	均　值	得分配比	绩效得分比	标准差	最小值	最大值
工作态度	0.6489	0.7448	0.87	0.09030	0.36	0.74
工作能力	1.0543	1.2152	0.87	0.14116	0.66	1.22

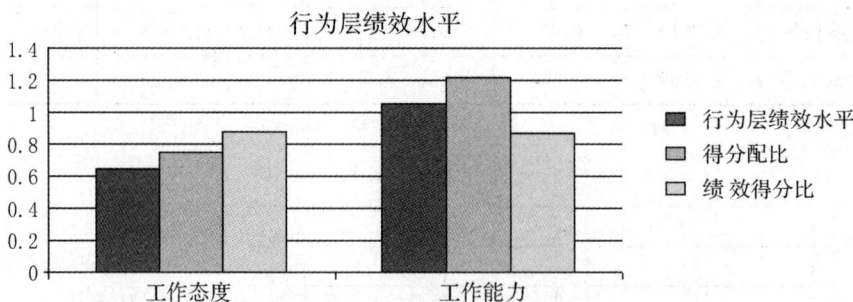

图 5.10　行为层绩效水平示意图

4.结果层绩效水平考察

结果层绩效水平均值为 2.3785,标准差为 0.39758,最小值为 1.28,最大值为 2.94,在其自身的得分配比上也达到了较高的水平(得分配比

为 $7 \times 0.42 = 2.94$)。行为层包含工作业绩、组织能力、政府形象、政府服务、政府绩效五个维度，主要考察通过培训带给组织直接的贡献，这是绩效考核中最艰巨也是最重要的部分。

在结果层 5 个二级指标中，5 个指标得分均较高，且绩效得分比全部达到 80% 以上(见表 5.11 和图 5.11)，说明通过培训，参训人员很期待能给组织绩效带来改变，而且预期相当一致，认为通过这次培训可以使得自身所在的政府组织产生良好的绩效，能够提升政府创新能力，提高服务能力，提升政府政治绩效，提高政府廉洁形象等。

表 5.11　结果层绩效水平

二级指标	均　值	得分配比	绩效得分比	标准差	最小值	最大值
工作业绩	0.2454	0.294	0.83	0.03760	0.13	0.29
组织能力	0.3622	0.441	0.82	0.05619	0.19	0.44
政府形象	0.2850	0.3528	0.81	0.04943	0.15	0.35
政府服务	0.8265	1.029	0.80	0.14912	0.42	1.03
政府绩效	0.6594	0.8232	0.80	0.12365	0.24	0.82

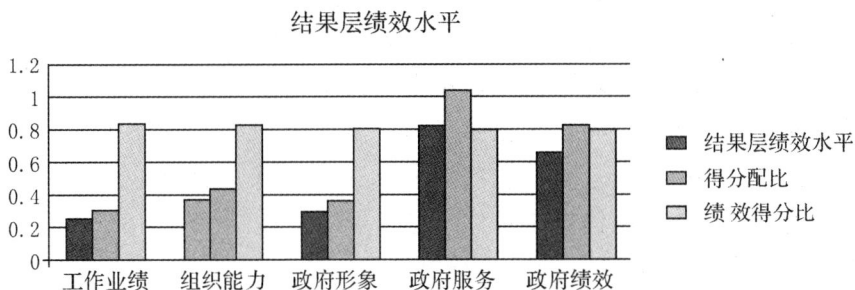

图 5.11　结果层绩效水平示意图

(二)浙江大学干部教育培训绩效的方差分析

干部教育培训是面向学员的培训工作，而这其中的重中之重是了解不同学员的需求，从而设置全面覆盖所有学员类型的培训课程。如前所述，学员对于干部教育培训工作的绩效水平产生了不同的认识，而造成这种境况的因素可能是多方面的，有可能是年龄所致，也可能是教育背景所致,还有可能是不同的职务或者所处工作环境不同,从而对课程的设置产生了不同的要求。但是不管怎样,了解不同类型的需求对于干部教育培训工作是必不可少。本课题组在综合评价干部教育培训工作绩效的基础上,添加上职务、年龄、学历、培训机会、重视程度等因素,考察这些因素是否造成了学员对于干部教育培训工作的不同认识,验证针对不同学员设置不同课程类型的必要性,从而为浙江大学干部教育培训的下一步工作提供一些指引。

本次研究以总体绩效水平为因变量,以职务、年龄、学历为因素变量,研究考察变量不同分类对个体干部教育培训总绩效的影响是否存在显著性差异。其中,职务为分类变量(1=干事,2=副科,3=正科,4=副处,5=正处,6=副厅及以上),年龄为分类变量(1=25岁及以下,2=26~35岁,3=36~45岁,4=46~55岁,5=56~65岁,6=65岁以上),学历为分类变量(1=专科以下,2=专科,3=本科,4=研究生,5=研究生以上)。具体的方差分析结果如下:

1.基于交互效应的单变量多因素方差分析

在研究过程中我们采用单因变量多因素方差分析,即研究多个因素的不同水平对实验结果的影响以及各因素之间相互作用对实验的影响。多因素的实验设计有多种,比如随机设计的多因素实验、有交互作用的多因素实验、无交互作用的多因素试验等。我们从理论及一半经验上认为职务、年龄、学历之间是存在交互作用的,因此为了验证他们之间是否有交互作用,并且计算他们对于总体绩效的影响程度,我们采用具有交互作用的方差分析模型来进行计算。结果见表5.12。

表 5.12　方差齐性检验表

F	df_1	df_2	Sig.
2.121	46	165	0.000

表5.12是方差齐性分析表,从表中我们可以看出方差是非齐性的($Sig.$值小于0.05)。但是根据一般经验,在多因素方差分析中,方差齐性检验的价值是不大的,往往只限于理论上的探讨,[64]因此我们仍然认为可以进行方差分析,结果如表5.13所示。

表 5.13　方差分析表

因变量:总体绩效

来　　源	误差项平方和	自由度 df	均方差	F	Sig.
修正模型	36.894	46	0.802	1.372	0.078
截　　距	1109.981	1	1109.981	1.898E3	0.000
职务	1.784	5	0.357	0.610	0.692
年龄	0.767	4	0.192	0.328	0.859
学历	2.488	4	0.622	1.064	0.376
职务 * 年龄	8.872	11	0.807	1.379	0.187
职务 * 学历	8.801	10	0.880	1.505	0.142
年龄 * 学历	3.126	8	0.391	0.668	0.719
职务 * 年龄 * 学历	1.106	4	0.277	0.473	0.756
误　　差	96.482	165	0.585		
总　　计	7487.428	212			
修正总计	133.377	211			

R Squared$=0.277$（Adjusted R Squared$=0.075$）

从图 5.12 至图 5.14 所示的边际均值估计图中我们可以看出,三种

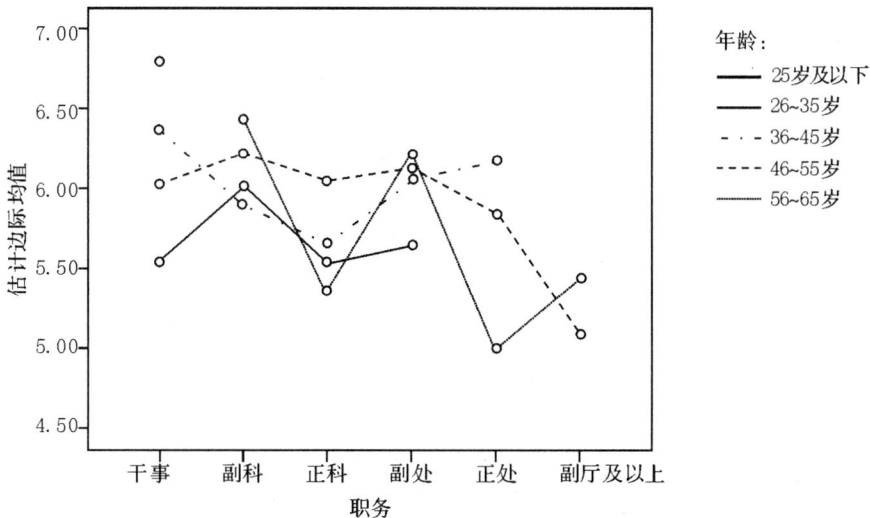

注:非估计均值不在图形中。

图 5.12　职务与年龄交互作用的边际均值估计图

总绩效的估计边际均值

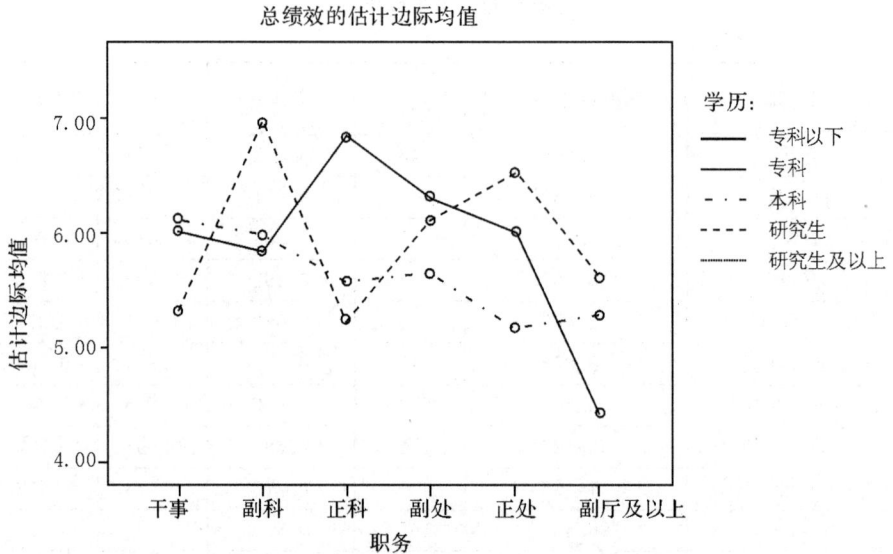

注：非估计均值不在图形中。

图 5.13　职务与学历交互作用的边际均值估计图

总绩效的估计边际均值

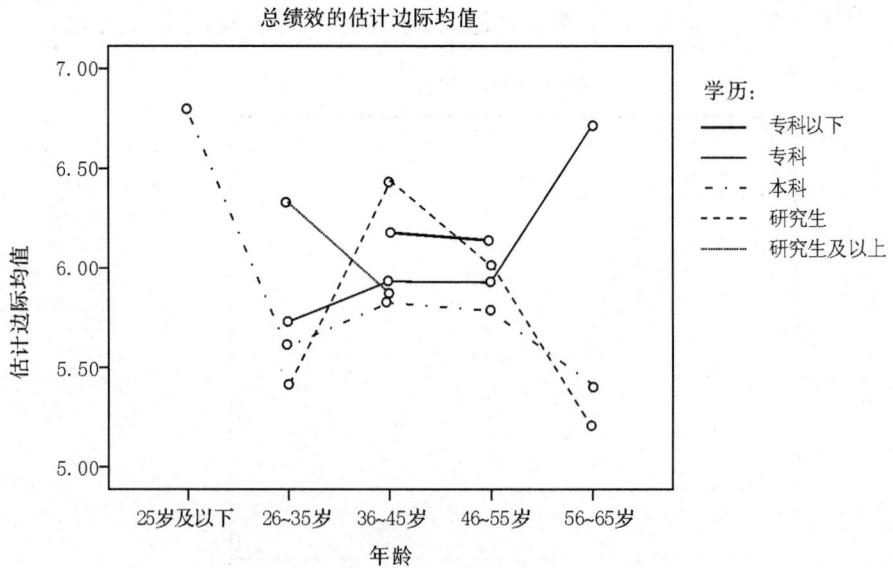

注：非估计均值不在图形中。

图 5.14　年龄与学历交互作用的边际均值估计图

因素变量在两两组合时，它们的均值估计曲线明显不平行，甚至发生了剧

烈的相交,因此可以推断这三种因素之间是存在交互作用的。但是在表
5.13方差分析表中我们又看到,除截距项是显著之外(intercept 项 F 值
$=1.898E3$,Sig.$=0.000$),其他的因素项在 $\alpha=0.05$ 的水平上都不显著,
说明存在交互作用的时候无论是单个因素还是多个因素的交互作用都不
会对总体绩效产生显著影响。因此,我们需要在不考虑交互作用的基础
上再次进行方差分析。

2.基于主效应的单变量多因素方差分析

表5.14是方差齐性分析表,从表中可以看出方差是齐性的(Sig 值大
于0.05),因此我们可以继续进行方差分析,结果如表5.15所示。

表5.14 方差齐性检验

F	df_1	df_2	Sig.
1.213	46	165	0.191

表5.15 方差分析表

因变量:总体绩效

来　源	误差项平方和	自由度 df	均方差	F	Sig.
修正模型	17.321	13	1.332	2.273	0.008
截　距	427.878	1	427.878	729.995	0.000
职　务	10.934	5	2.187	3.731	0.003
年　龄	0.888	4	0.222	0.379	0.824
学　历	1.831	4	0.458	0.781	0.539
误　差	116.056	198	0.586		
总　计	7487.428	212			
修正总计	133.377	211			

R Squared$=0.130$ (Adjusted R Squared$=0.073$)

从表5.15中可以看出除截距项之外,职务的显著性很高(Sig 值为
0.003),说明不同的职务等级会对干部教育培训的总体绩效产生显著的
影响。这一点也与实际相符,因为不同职务等级的参训学员在实际工作
中面临的工作类型和工作性质都是不一样的,因此他们对于具体的干部

教育培训工作要求肯定是不一样的。学历和年龄都不显著,说明不同学历水平和不同年龄段对于干部教育培训的总体绩效没有显著影响,在具体的干部教育培训工作中可以避免考虑这两个因素。

由于方差是齐性的,因此我们进一步考察哪些职务间的水平是不一样的,以便于在今后的干部教育培训工作中加以关注,结果如表 5.16所示。

表 5.16 职务之间的多重比较

分析方法:最小显著差数法(LSD)

(I)职务	(J)职务	平均差($I-J$)	Std. Error	Sig.
干事	副科	0.1962	0.15628	0.211
	正科	0.5582*	0.16818	0.001
	副处	0.0289	0.16637	0.862
	正处	0.6977*	0.20967	0.001
	副厅及以上	0.8817*	0.40148	0.029
副科	干事	−0.1962	0.15628	0.211
	正科	0.3619*	0.15297	0.019
	副处	−0.1673	0.15098	0.269
	正处	0.5014*	0.19768	0.012
	副厅及以上	0.6855	0.39535	0.085
正科	干事	−0.5582*	0.16818	0.001
	副科	−0.3619*	0.15297	0.019
	副处	−0.5292*	0.16327	0.001
	正处	0.1395	0.20722	0.502
	副厅及以上	0.3235	0.40021	0.420
副处	干事	−0.0289	0.16637	0.862
	副科	0.1673	0.15098	0.269
	正科	0.5292*	0.16327	0.001
	正处	0.6687*	0.20575	0.001

（I）职务	（J）职务	平均差（$I-J$）	标准误差	Sig.
	副厅及以上	0.8528*	0.39945	0.034
正处	干事	−0.6977*	0.20967	0.001
	副科	−0.5014*	0.19768	0.012
	正科	−0.1395	0.20722	0.502
	副处	−0.6687*	0.20575	0.001
	副厅及以上	0.1841	0.41933	0.661
副厅及以上	干事	−0.8817*	0.40148	0.029
	副科	−0.6855	0.39535	0.085
	正科	−0.3235	0.40021	0.420
	副处	−0.8528*	0.39945	0.034
	正处	−0.1841	0.41933	0.661

* 表明职务（I）与职务（J）存在显著区别

从表 5.16 中可以看出干事与副科没有显著差别,但是他们作为一个整体与正科、副处、正处、副厅及以上存在显著差别;正科、副处均与其他职务级别存在显著差别;正处与副厅及以上没有显著差别,但是他们作为一个整体与干事、副科、正科、副处存在显著差别。因此根据表中显示出来的逻辑关系,我们就可以做出判断,在今后实行的干部教育培训工作中,由于不同职务级别对于干部培训工作的要求不同,可以考虑设置以下培训级别班次:副科及以下领导干部培训班、正科级领导干部培训班、副处级领导干部培训班、正处及以上级别领导干部培训班。

根据前面章节建立的干部教育培训绩效综合评价体系,我们在这一章中首先根据 FAHP 方法确定了指标体系权重,勾画出完整的绩效评价模块;其次,根据科学的取样方法选取了浙江大学继续教育学院 212 位参训学员参与到了对于本次浙江大学干部教育培训工作的绩效评估;再次,我们根据回收上来的信息,对浙江大学干部教育培训绩效工作进行了全方位的评价,指出了浙江大学干部教育培训工作的优点及需要改进的地方;最后,为了更好地建设浙江大学干部教育培训体系,我们对于可能影响干部教育培训绩效的因素进行了方差分析,得出了根据职务分级培训的结论。

通过这样一种科学的测评体系、测评方法、测评标准和测评程序,我们对学员培训前后在反应层、学习层、行为层和结果层进行了全面的分析与测评,对浙江大学干部教育培训工作的业绩和实际水平作出了尽可能客观的评价,为后续提高干部教育培训绩效,提高干部教育培训管理的科学化水平奠定了良好的基础。但是,干部教育培训工作是一个庞大而复杂的系统,要真正了解这个系统并将之付诸实践任重而道远,我们此次的研究也只是初步对浙江大学干部教育培训工作进行剖析,今后的研究道路还是相当漫长。比如如何采取更好的方法进行评价指标权重的设定,在不同的考察人群中是否存在更多影响干部教育培训工作绩效的因素;如何更恰当地分析影响干部教育培训工作绩效因素,并将之应用到干部教育培训工作中去,等等,这些问题都值得我们进一步思考与总结。在今后,我们也应当秉持追求精细化和科学化的态度,进一步研究,以期完善干部教育培训工作,提升我国干部教育培训工作的整体绩效。

第六章　干部教育培训绩效影响因素的实证调查与统计分析

一个国家发展力的竞争从某种意义上说是国家整体学习力的竞争，创新能力的竞争，而一个政党执政力的提高，离不开干部教育培训水平的提高。教育培训是干部素质和能力提升的重要途径，是干部成长的关键环节。如何在新的历史时期培养一支政治上靠得住、工作上有本事、作风上过硬的干部队伍，这对当前的干部教育培训工作提出了更高的要求。大量研究表明，如果培训不能适应工作的需要或是没有有效地应用于工作之中，那么通过培训获得的知识、技能、行为和态度往往难以创造多大的价值。如何设计符合组织、工作、个体需求的培训项目并在最大程度上实现干部教育培训成果的转化成为当前干部教育培训工作的重点。正确地了解干部教育培训绩效的主要影响因素及其对干部教育培训绩效的影响强度，有利于进一步优化和完善干部教育培训方案。迄今为止，学术界关于我国干部教育培训绩效影响因素的分析大多止步于经验角度的定性分析，实证研究较少。现存的实证研究成果主要还是将国外较为成熟的培训效果转移理论简单地复制到我国干部教育培训绩效影响因素的研究中来。本章立足于我国干部教育培训体制现状，结合国外培训转移模型，通过对干部教育培训影响因素的理论梳理，并运用因子分析和多元回归分析等方法对我国干部教育培训绩效的影响因素进行了实证分析。

第一节　干部教育培训绩效影响因素的理论分析

知识是组织核心竞争力的保证，培训则是知识以不同的方式从培训

供给方向培训需求方转移的过程,目的在于通过新知识的转移、吸收及有
效利用,使组织获得竞争优势。从信息论的角度出发,培训可以被看做是
一个类似信息传导的过程。信息传导包括信息传播体和信息接收体多个
主体,客体是信息,客观条件是传导的途径和环境,过程是信息的传导和
信息的接收,目标是能够利用信息来指导行为。[65]2001 年,美国企业共投
入了约 1000 亿美元的培训费用,但是培训成果的转换率只有 10%～
20%,也就是说大约 800 亿美元都没有发挥真正的作用。[65]这一案例说
明并不是所有的培训都能投入产出最大化的。培训效果能否实现转化以
及转化程度的高低受到众多复杂因素的影响。Easterby-Smith 等(2008)
在他们的研究述评中提出了一个组织间知识转移的影响因素模型(参见
图 6.1)。

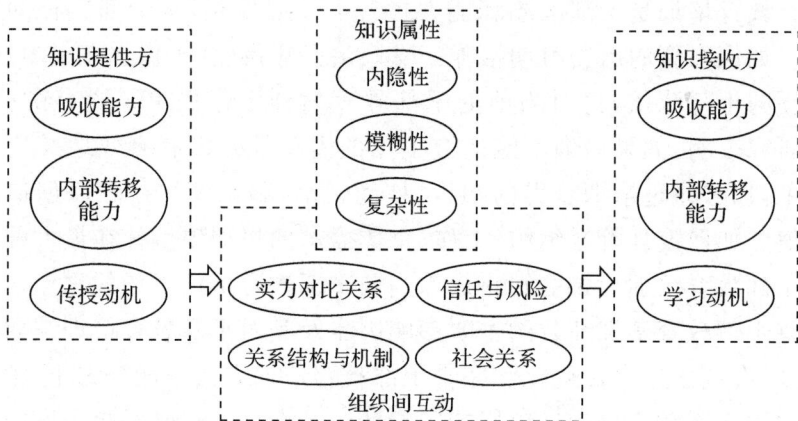

图 6.1　组织间知识转移过程及影响因素分析

从模型可以看出,组织间知识转移包括两个主体,即知识提供方和知
识接收方,并包含了知识提供方的资源和能力、知识接收方的资源和能
力、知识属性以及组织间互动四方面的因素。其中,知识提供方和接收方
的资源和能力包括吸收能力、组织内部转移能力和传授/学习动机三个因
素。他们认为,吸收能力是一个很关键的因素,包括识别新知识价值以及
吸收和使用新知识的能力。一旦知识从外部引入到组织内部,接收方就
应该利用组织的内部转移能力来促使知识在组织内部传播扩散,以达到
吸收和利用知识的目的。干部教育培训活动实际上就是一个以干部教育
培训机构为知识传播体,以干部培训委托部门为知识接收体,以更新干部

知识、提高干部能力、改进干部行为为目的的过程。所以，根据培训转移理论，本节内容将在文献阅读和专家咨询的基础上，总结以往关于干部教育培训绩效影响因素的研究，依据从宏观到微观的顺序，将干部教育培训绩效影响因素归纳为四个维度：干部教育培训机构宏观管理因素、干部教育培训组织管理因素、干部教育培训项目设计因素和个体因素，并对相关概念进行具体的测量，将每个维度详细划分为若干二级指标。

一、干部教育培训机构宏观管理因素及其测度

一般而言，一个富有经验且值得信赖的知识源更容易影响知识接收者的行为，从而提高知识转化效率。当知识源被认为是不可信赖的时候，它所发起的知识转移就会进展困难，它的忠告和榜样更有可能遭到挑战和阻拦。[66]干部教育培训机构是培训产品的提供方，负责干部教育培训的具体操作。其以培训的组织需求、岗位需求以及培训学员的个体需求为依据，设置培训内容，并通过培养专业化教师进行教学，达到提高参训学员知识观念更新、能力提升的目的。可以说，干部教育培训机构是干部教育培训绩效得以形成的重要主体。

随着社会主义市场经济的不断发展和建立学习型社会进程的加快，新的形势对干部素质的要求越来越高，激发了广大干部学习新知识的积极性，近年来干部教育培训需求迅猛增长。据统计，从 1992 年到 2002 年，全国共有 2600 多万人次参加了各种形式的培训。其中，省部级干部 5000 多人次，县以上中青年干部近 4 万人次。在境外培训方面，从 1993 年至 2010 年，仅中央组织部就组织 200 多期领导干部境外培训班，6000 余人次到境外学习培训。随着干部教育培训需求的扩张，中国培训业进入了一个快速发展的时期，一些社会培训机构如雨后春笋般兴起，高等院校、科研院所也以己之长纷纷加入培训行业。统计数据显示，中国培训业规模正以每年 30% 的速度递增。据行业专家粗略估计，目前全国培训机构大约有 1 万多家，包括各行业协会组织、高校专业院系、培训公司等。他们在管理培训、IT 培训、外语培训、工程技术类培训等方面发挥了积极作用。[67]各种干部教育培训机构的蓬勃发展形成了干部教育培训市场的活跃局面，促使干部教育培训内容更加丰富，培训方法更加科学化，干部教育培训师资队伍也得以不断扩大。但是，相比于成熟的市场体制来说，

干部教育培训市场依然处于不完善的状态。这主要表现在以下几个方面：一是缺乏竞争机制，干部教育培训渠道单一。社会培训力量参与较少，党校、行政学院、干部学院等在干部教育培训市场上处于相对垄断的地位。外部竞争环境的缺少导致主要的干部教育培训办学机构发展动力不足，缺乏内在活力。二是干部教育培训缺乏协调管理，导致干部教育出现多头培训、重复培训、交叉办班的局面和干部教育培训资源浪费的现象。三是由于干部教育市场管理环境较为宽松，缺少必要的准入机制和资格认证体系，各种培训机构不管是否具备干部教育培训的软硬件条件，纷纷进入干部教育培训市场，直接造成干部教育培训机构良莠不齐的局面。四是尚未建立干部教育培训机构教学质量评估体系，对于培训机构效果如何、质量如何，缺乏一个有效的监督考评机制。

干部教育培训机构是影响干部教育培训质量的重要因素，其培训效果的高低不仅受到自身组织能力和资源的影响，还受到社会需求环境、干部教育培训政策、干部教育培训市场的完善程度、干部教育培训相关法律法规等诸多因素的影响。加强对干部教育培训机构的宏观管理是规范干部教育培训的必要环节。这主要表现在干部教育培训与市场的关系上，表现在宏观层面上。首先应制定相关的干部教育培训的法律法规；其次由干部教育培训主管部门适当应用市场机制进行宏观管理，制定和执行干部教育培训市场准入和干部教育培训机构资质认定准则，提高干部教育培训市场的进入门槛。建立科学的干部教育培训机构评估体系，干部教育培训主管部门将评估结果作为干部教育培训项目的分配及其他培训政策实施的依据。同时加大对干部教育培训机构日常教学质量的监控力度，规范干部教育市场的秩序和运行。所以，本课题组将"国家具有较为完善的干部教育培训法规"、"国家具有较为明确的培训机构准入机制"、"国家具有较为完善的培训机构考核机制"、"国家具有较为完善的培训机构监管机制"、"国家具有较为完善的教育培训扶持政策"、"社会具有较为活跃的干部学习教育氛围"等6条指标作为干部教育培训机构宏观管理维度的测度指标。

二、干部教育培训组织管理因素及其测度

2006 年公布的《干部教育培训工作条例（试行）》中规定，全国干部教

育培训工作实行在党中央领导下,由中央组织部主管,中央和国家机关有关工作部门分工负责,中央和地方分级管理的体制。中央组织部履行全国干部教育培训工作的整体规划、宏观指导、协调服务、督促检查、制度规范职能。地方各级党委组织部主管本地区干部教育培训工作。地方各级党委和政府有关工作部门负责相关的干部教育培训工作。干部所在单位按照干部管理权限,负责组织实施本单位的干部教育培训工作。具体而言,干部教育培训组织管理工作包括以下内容:根据党的政治路线和中心任务的要求,明确不同时期干部教育培训的任务、方针和基本原则,负责编制和确定干部培训目标、培训计划、培训大纲和组织编写教材;研究干部教育培训活动的一般规律,探索科学的干部教育培训教学方法和组织管理形式,明确不同时期的干部教育培训重点对象及重点内容;确定干部教育培训目标体系与质量评估监督系统,负责干部教育培训信息搜集反馈,为干部教育培训决策服务;确定干部教育培训基地建设、布局与规模,负责干部培训学校的建设及师资队伍的建设;负责干部教育培训成果的监督与评价。可以看出,干部教育培训组织管理部门既是干部教育产品的需求方,也是干部教育培训市场的监管者,还是干部教育培训工作宏观以及中观层面上的设计者。干部教育培训组织管理活动贯穿于干部教育培训的全过程,是干部教育培训系统中极为重要的组成部分。干部教育培训组织管理工作的科学化程度不仅直接影响了宏观方向上干部教育培训市场的发展方向、干部教育培训机构的发展态势、干部教育培训项目的变化趋势,也从微观上通过不同的途径影响了参训干部的培训绩效。根据干部教育培训组织管理工作的职能分析,课题组将从培训规划科学化程度、培训对象选择与考核激励、培训支持等三个方面选取干部教育培训绩效培训组织管理维度的测评指标。

　　干部教育培训规划是培训组织管理部门为实现干部教育培训工作科学化目标而进行的一种规则设计和资源配置方式,使干部教育培训系统的各部分寻求一系列共同目标,并展开多方面的相互作用。它对干部教育培训体系有调整或增强作用。课题组采用了"培训组织部门的培训理念较为科学"、"培训组织部门的培训规划较为清晰"两条指标作为该要素的测度标准。

　　干部参加教育培训,一方面源于自身发展的需要,另一方面也受外部

制度的引导。干部教育培训组织管理部门是设计的培训干部选派机制以
及培训绩效考核激励机制的主体,从宏观上解决了"谁可以参加培训"、
"如何评价干部培训绩效"以及"干部教育培训绩效如何与其未来发展相
挂钩"这三大问题。所以课题组采用了"培训组织部门的培训学员选培机
制较为合理"、"培训组织部门的培训绩效考核机制较为完善"、"培训组织
部门注重培训考核结果运用"这三条指标作为培训对象选择与考核激励
要素的测度指标。

培训支持是干部教育培训得以继续的重要保障。Baldwin 和 Ford
(1988)[68]通过调查有关教育培训效果的现有文献,谈到教育培训能否达
到预期的效果,关键是受训人员的上司或者其所属部门为教育培训提供
机会并创造条件。他们认为,如果员工认为他们的主管很重视培训,他们
参加培训、学习及转化技能的动力就越强。所以课题组选取了"培训组织
部门给予足够的人力支持"、"培训组织部门给予足够的资金支持"、"培训
组织部门给予足够的领导支持"作为培训支持要素的测度指标。

三、干部教育培训项目设计因素及其测度

20 世纪 70 年代以前,培训效果影响因素的研究主要集中在培训项
目设计上。培训项目设计因素是培训绩效形成的基础。不同形式的培训
设计是显著影响组织受训员工学习效率改善的关键因素。因为丰富多样
和"因需而制"的培训设计形式不仅可以大大改善受训员工单一培训设计
所不具有的学习兴趣,而且有效的培训设计还可以增进受训员工对所学
知识的吸收和转化能力(Phyllis 等,2007)。[69]本研究设定的培训项目包
含培训内容、培训方法、培训师资、培训环境等方面内容。

Richard L. Dunn(2003)指出,课程培训内容必须符合三个标准:(1)
准确性,即必须保证课件内容的准确性;(2)适当性,课程目标和内容必须
与参训人员的理论基础和实践经验相联系;(3)表现形式要多样化。依据
《国家公务员培训暂行规定》,干部教育培训内容一般分为公共必修课和
专业选修课。公共必修课的性质属于强迫性的,这对于已经熟练掌握这
些知识的党政干部来说,此类课程的设置带有明显的重复性。专业选修
课是根据相关业务工作的需要而设置的。由于我国现行的培训课程设计
还不是完全需求导向型的,导致当前我国干部教育培训的教学内容针对

性和实用性不强。这种政治理论课程偏多,而与党政人员的工作实际联系较密切的公共管理学、经济学、法学、领导科学等课程偏少;理论知识教育的内容偏多,能力训练的内容偏少的现象影响了培训效果的提升。本课题组采用了"培训教学内容具有针对性"、"培训教学内容具有实用性"两条指标作为干部教育培训项目中培训内容要素的测度指标,重点考察干部教育培训内容是否符合培训学员的需求。

恰当的培训教学方法是有效培训的必要条件,它能使培训教学在过程实施、情景创设、知识迁移、问题拓展、活动安排等多个环节上,始终处于内容鲜活化、过程活动化、问题探究化、交流互动化、思维多样化的状态。美国学者鲍里奇指出在有效的教学过程中,有 10 种教学行为与学员的学习发展相关(见表 6.1)。[70]其中 5 种对有效教学至关重要,称为关键行为,并有 5 种行为作为辅助,协助关键行为的发挥。这 10 种行为既是衡量教师教学水平的标准,也是评价教学方法科学性的重要指标。

表 6.1　10 种有效教学行为

关键行为	辅助行为
清晰授课	利用学员的思想和力量
多样化教学	组织
任务导向	提问
引导学员投入学习	探询
确保学员成功率	教师影响

干部教育培训属于成人教育的范畴,其不同于学校教育的重要特点在于成人具有丰富的实践经验和更为强烈的主观能动性,单纯灌输式的培训方法并不能激发参训学员从多个层面主动参与学习。目前我国的干部教育培训方式缺乏多样性和灵活性,以传统的课程讲授、满堂灌为主,缺少师生间的双向互动以及学员之间的互相交流。所以,本课题组从成人学习的特点出发,采取"培训教学方法注重多样化"、"培训教学方法注重学员参与"两条指标作为培训方法因素的测度指标。

培训效果的好坏与培训教师的教学能力和教学态度密不可分。具备高素质的培训教师应该能够很好地与学员形成互动,能够准确抓取培训学员在课堂上的反馈信息,在教学过程中能有意识地引导学习者发现不同知识之间的共同点,启发学习者去概括总结,指导学习者监控自己的学习,及时根据其观察到的学员反应来调整教学的方式与进度。作为党政干部教育培训的培训教师,不仅要有广博的知识,还要熟悉政府的运作过程,对国内外政治经济社会发展有独到深刻的见解,并且具有控制课堂的能力、组织协调能力、与受训公务员在课上沟通的能力。本课题组采用"培训教师教学态度认真"、"培训教师教学能力较强"作为培训教师素质的测度指标。

任何教育培训活动都是在一定的外部环境中进行的。培训环境因素主要描述了干部教育培训过程中的软硬件环境,其中软件环境包括教学服务、教务管理,硬件环境包括教学环境及教学设施等。干部作为具有较为丰富的社会经验的个体,对待外部环境的要求较高,所以本课题组选取了"培训教学环境适宜"、"培训教学设施完善"、"培训教学管理规范"、"培训教学服务周到"四条指标作为培训环境因素的评价标准。

四、干部个体特征及其测度

学员是干部教育培训的主体,是决定干部教育培训绩效的关键因素。受训者个人特征是最早被培训实施者界定为培训效果的影响因素,但直到 20 世纪 70 年代相关研究才逐渐增多。研究者主要从能力、态度和动机水平等方面研究它们对培训绩效的影响方式和强度。研究表明,个体的能力、态度、动机等因素对培训绩效的影响,不仅发生在培训过程中,还发生在培训转移过程中。Robertson 和 Downs(1979)分析了受训者能力等对培训绩效的影响。结果表明,受训者的能力可以解释培训绩效差异的 16%。个体的能力特征包含多方面的因素,如培训过程中的认知能力、学习能力、思维能力,培训后转移所学知识技能的能力等。这些能力在很大程度上决定了个体的培训绩效。

20 世纪 80 年代,Wexley 和 Ham 提出了可培训性(trainability)的概念及其公式。可培训性是指培训参与者能够学习并应用培训中所强调的材料的等级。可培训性=F(能力、动机、环境有利性)。研究者认为培训参与者只有参加培训的能力是不够的,还要有参加培训的动机,即学习的愿望。文章指出动机和培训效果密切相关。Kanfer 把在培训中的雇员个体特征分为两类,即特质性个体特征和状态性个体特征,其中特质性特征主要包括自我效能感和成就动机等,是在培训中个体本身所具有的心理状态,这种心理状态在培训中尚处于"隐藏"状态;而状态性特征则更多地强调在培训中外部环境所施加给个体的影响或引导的一种心理状态,这种状态常常是"暴露"的,主要表现在培训过程中的学习目标导向、成就目标导向和成就规避导向等行为趋向。研究者指出,状态性个体特征在培训中对培训效果有直接影响,而特质性特征则是通过状态性特征间接地影响培训效果。这一结论也得到国内学者的认可。袁淑玉和萧鸣政等(2009)[72]以北京基层公务员培训为研究样本,指出在状态性特征比特质性特征对培训效果影响更为强烈,并且状态性个体特征对特质性个体特征和培训效果之间的关系起到一定的中介作用,同时年龄和性别因素也会对培训效果产生影响。所以,可以通过外部目标导向影响、引导和分类培训等多种方式改变状态性特征来提高基层公务员培训的效果。Noe(1986)最早提出了个体因素对培训绩效影响的概念模型。在该模型中,Noe确定了个体特征对个体学习动力和培训知识技能转化动力的影响,明确包含了学员期望、态度、培训前后的动力等因素。该模型得出的结论是:个人、态度、组织及环境这些重要因素注定会影响培训效果。Noe在该模型中提出了两个核心动力因素:学习动力及转化动力。前者指学员注重培训经验的程度,后者指学员在工作中应用所学技能的愿望。Noe还提出:个人的学习动力和转化动力受以下几个变量影响;(1)学员期望他们学习培训材料,预期的结果会出现;(2)学员认为关于他们技能强项和弱项的评估反馈是有用且可信的;(3)学员的高工作参与程度及对工作重要性(工作/职业参与)的感知;(4)学员认为他们有必要的资源及工作小组支持以应用所学培训技能。[73]Tanenbaum等(1993)也提出了一个有关培训效果的综合模型。根据此模型,数个非技术因素对培训效果有显著的影响。这些因素包括参训学员的自信心、与任务相关的态度、培训期望、培训实现及培训前动力。他的研究结果表明无论一个培训课程的设计有多好,如果不考虑相关的个人及组织因素,其效果也不会理想。

　　干部教育培训的对象是在国家各级党政机关任职的成年人,他们思维独立,具有较强的主观能动性。由于个体的学习经历不同,积累的经验能力有所差异,培训过程中学习能力、学习方法、学习态度也有所不同。综合前人关于个体因素的研究,课题组主要从能力、方法、态度三方面概况了个体特征影响培训绩效的路径,选取了"培训过程中,学员具有较高的学习热情"、"培训过程中,学员具有认真的学习态度"、"培训过程中,学员具有较强的学习能力"作为个体因素的测量指标。

第二节　干部教育培训绩效影响因素的实证调查

一、干部教育培训绩效影响因素实证调查的问卷编制

本节依据上文内容,确定干部教育培训影响因素问卷,并随机抽取若干浙江大学干部教育培训基地培训班级,以此为问卷发放对象。本部分的数据采集是与干部教育培训绩效实际测评同步进行的,共回收 213 份问卷。课题组严格按照问卷编制的程序和原则,依据干部教育培训绩效影响因素的理论梳理,设置了干部教育培训影响因素测评量表(见表 6.2)。

表 6.2　干部教育培训绩效影响因素测评问卷

说明:请根据您的感受,对每项陈述的实际状况作出自己的判断,并在相应的数字上画"√"。		非常不符合	不符合	比较不符合	中等程度	比较符合	符合	非常符合
培训机构宏观管理	1.国家具有较为完善的干部教育培训法规	1	2	3	4	5	6	7
	2.国家具有较为明确的培训机构准入机制	1	2	3	4	5	6	7
	3.国家具有较为完善的培训机构考核机制	1	2	3	4	5	6	7
	4.国家具有较为完善的培训机构监管机制	1	2	3	4	5	6	7
	5.国家具有较为完善的教育培训扶持政策	1	2	3	4	5	6	7
	6.社会具有较为活跃的干部学习教育氛围	1	2	3	4	5	6	7
培训项目设计	7.培训教学内容具有针对性	1	2	3	4	5	6	7
	8.培训教学内容具有实用性	1	2	3	4	5	6	7
	9.培训教师教学态度认真	1	2	3	4	5	6	7
	10.培训教师教学能力较强	1	2	3	4	5	6	7
	11.培训教学方法注重多样化	1	2	3	4	5	6	7
	12.培训教学方法注重学员参与	1	2	3	4	5	6	7
	13.培训教学环境适宜	1	2	3	4	5	6	7
	14.培训教学设施完善	1	2	3	4	5	6	7
	15.培训教学管理规范	1	2	3	4	5	6	7
	16.培训教学服务周到	1	2	3	4	5	6	7

续表

说明:请根据您的感受,对每项陈述的实际状况作出自己的判断,并在相应的数字上画"√"。		非常不符合	不符合	比较不符合	中等程度	比较符合	符合	非常符合
培训组织管理	17. 培训组织部门的培训理念较为科学	1	2	3	4	5	6	7
	18. 培训组织部门的培训规划较为清晰	1	2	3	4	5	6	7
	19. 培训组织部门的培训学员选培机制较为合理	1	2	3	4	5	6	7
	20. 培训组织部门的培训绩效考核机制较为完善	1	2	3	4	5	6	7
	21. 培训组织部门注重培训考核结果运用	1	2	3	4	5	6	7
	22. 培训组织部门给予足够的人力支持	1	2	3	4	5	6	7
	23. 培训组织部门给予足够的资金支持	1	2	3	4	5	6	7
	24. 培训组织部门给予足够的领导支持	1	2	3	4	5	6	7
个体因素	25. 培训过程中,学员具有较高的学习热情	1	2	3	4	5	6	7
	26. 培训过程中,学员具有认真的学习态度	1	2	3	4	5	6	7
	27. 培训过程中,学员具有较强的学习能力	1	2	3	4	5	6	7

二、干部教育培训绩效影响因素问卷的信度效度检验

课题组对干部教育培训绩效影响因素的量表进行了信度和效度检验,以确保对各个维度变量的测量是科学有效的。本研究在最终确认问卷之前,咨询了浙江大学干部教育培训基地的教学人员、教务管理人员以及浙江大学公共管理学院相关教授、博士研究生的意见,预试并修正了问卷的部分提法和内容,因而调查问卷具有较高的内容效度。同时,本研究还以验证性因子分析来验证各量表的结构效度。在进行因子分析之前,课题组首先对各量表进行了 KMO 检验和巴特莱球形度检验,以确认这些量表是否适合进行因子分析。分析结果显示,所有因素的 KMO 值均高于 0.7,并且所有量表的巴特莱球形度检验的近似卡方值均高度显著。总体而言,各个量表均比较适合做因子分析。此外,在里克特量表中常用的信度检验方法为 cronbach'a 系数与折半信度。本研究采用 a 系数来测量信度,信度效度检验结果如表 6.3 所示。从中可见,本研究最低的标准化因子负荷达到 0.763,高于相关研究建议的对于测量指标标准化因子负荷以 0.650 作为最低标准化。[74]总体而言,本研究的干部教育培训绩

效影响因素测量问卷具有较高的信度和效度,适合进行进一步的统计分析。

表6.3　干部教育培训绩效影响因素测评问卷信效度分析

潜变量	测度指标	因子负荷	累积贡献率	内部一致性系数
培训机构宏观管理	1. 国家具有较为完善的干部教育培训法规	0.919	85.548%	0.966
	2. 国家具有较为明确的培训机构准入机制	0.929		
	3. 国家具有较为完善的培训机构考核机制	0.952		
	4. 国家具有较为完善的培训机构监管机制	0.962		
	5. 国家具有较为完善的教育培训扶持政策	0.926		
	6. 社会具有较为活跃的干部学习教育氛围	0.857		
培训项目设计	7. 培训教学内容具有针对性	0.763	76.679%	0.965
	8. 培训教学内容具有实用性	0.836		
	9. 培训教师教学态度认真	0.874		
	10. 培训教师教学能力较强	0.907		
	11. 培训教学方法注重多样化	0.879		
	12. 培训教学方法注重学员参与	0.835		
	13. 培训教学环境适宜	0.916		
	14. 培训教学设施完善	0.905		
	15. 培训教学管理规范	0.935		
	16. 培训教学服务周到	0.894		
培训组织管理	17. 培训组织部门的培训理念较为科学	0.895	82.318%	0.968
	18. 培训组织部门的培训规划较为清晰	0.907		
	19. 培训组织部门的培训学员选培机制较为合理	0.930		
	20. 培训组织部门的培训绩效考核机制较为完善	0.922		
	21. 培训组织部门注重培训考核结果运用	0.886		
	22. 培训组织部门给予足够的人力支持	0.927		
	23. 培训组织部门给予足够的资金支持	0.866		
	24. 培训组织部门给予足够的领导支持	0.924		

续表

潜变量	测度指标	因子负荷	累积贡献率	内部一致性系数
个体因素	25.培训过程中,学员具有较高的学习热情	0.967		0.958
	26.培训过程中,学员具有认真的学习态度	0.971		
	27.培训过程中,学员具有较强的学习能力	0.942		

第三节　干部教育培训绩效影响因素的统计分析

一、干部教育培训绩效影响因素的描述性统计分析

课题组运用 SPSS 18.0 对回收的干部教育培训绩效影响因素问卷进行了描述性统计分析,表 6.4 显示了 27 条测度指标的样本量、最小值、最大值及标准差。

表 6.4　干部教育培训绩效影响因素描述性统计分析

	样本量	最小值	最大值	平均值	标准差
国家具有相关的干部教育培训法规	213	1	7	5.21	1.195
国家具有相关的培训机构准入机制	213	1	7	5.33	1.135
国家具有相关的培训机构考核机制	213	1	7	5.16	1.264
国家具有相关的培训机构监管机制	213	1	7	5.15	1.222
国家具有相关的教育培训扶持政策	213	2	7	5.23	1.198
社会具有活跃的干部学习教育氛围	213	1	7	5.30	1.242
培训教学内容具有针对性	213	3	7	5.67	0.979
培训教学内容具有实用性	213	3	7	5.76	0.949
培训教师教学态度认真	213	4	7	6.19	0.843
培训教师教学能力较强	213	4	7	6.13	0.814
培训教学方法注重多样化	213	3	7	5.91	0.967
培训教学方法注重学员参与	213	3	7	5.82	0.941

续表

	样本量	最小值	最大值	平均值	标准差
培训教学环境适宜	213	3	7	6.01	0.8g5
培训教学设施完善	213	3	7	5.94	0.927
培训教学管理规范	213	4	7	6.08	0.849
培训教学服务周到	213	4	7	6.14	0.861
培训组织部门的培训理念较为科学	213	4	7	6.01	0.908
培训组织部门的培训规划较为清晰	213	3	7	6.03	0.900
培训组织部门的培训学员选培机制较为合理	213	1	7	5.89	0.965
培训组织部门的培训绩效考核机制较为完善	213	3	7	5.84	0.998
培训组织部门注重培训考核结果运用	213	1	7	5.79	1.106
培训组织部门给予足够的人力支持	213	2	7	5.96	0.956
培训组织部门给予足够的资金支持	213	1	7	5.92	1.061
培训组织部门给予足够的领导支持	213	3	7	6.05	0.935
培训过程中,学员具有较高的学习热情	213	4	7	6.15	0.897
培训过程中,学员具有认真的学习态度	213	4	7	6.19	0.893
培训过程中,学员具有较强的学习能力	213	4	7	6.10	0.893
有　　效	213				

　　从培训机构宏观管理维度来看,6个测度指标都在5.1～5.3之间,相比较于其他维度指标,这一维度的指标分数处于最低水平,反映了国家在干部教育培训机构法律、准入制度、考核制度、监管制度以及干部教育培训学习氛围活跃程度上的不足,这与当前干部教育培训法律体系不完善、缺乏干部教育培训市场准入制度、干部教育培训机构考核及监管体系不完善等状况相符。从培训项目设计角度来看,10条测度指标中,干部教育培训内容的针对性以及干部教育培训内容实用性这2条指标测度值最低,说明相比于其他指标来说,培训项目设计在培训内容的选择上并不能与培训委托方的组织需求、工作需求、个人需求完全吻合,存在学用脱节的问题。其次,干部教育培训方法多样化以及干部教育培训注重学员参与等2条指标的均值也在6分以下,分值紧随培训内容测度指标之后,反映了当前干部教育培训在培训方法的选择和实施上存在不足。从培训

组织管理维度来看,8 条测度指标中,"培训组织部门注重培训考核结果运用"得分最低,说明当前培训组织部门并不能很好地将培训结果与个体在组织中的后续发展相联系。表示组织支持的 3 条指标分值在整个培训组织管理维度中比较高,说明培训组织管理部门对干部教育培训工作较为重视,提供了较为丰富的人力、物力和财力。当然这也可能是因为浙江大学作为全国著名的干部教育培训基地,具有良好的区位条件和资源条件的缘故造成,并不能代表全国的情况。从个体因素维度指标来看,3 条测度指标的分值都较高,保持在 6 分以上,说明参训学员在整个培训过程中对培训保持积极、认真的态度。

二、干部教育培训绩效影响因素的多元回归分析

为了探究上文提及的影响因素是否能够影响干部教育培训绩效,本部分将对每个干部教育影响维度的测度指标进行因子分析,抽取因子值作为解释变量,以干部教育培训绩效为因变量进行多元回归分析。

回归分析是处理变量的统计相关关系的一种数理统计方法。回归分析的基本思想是:虽然自变量和因变量之间没有严格的、确定性的函数关系,但可以设法找出最能代表它们之间关系的数学表达形式。多元线性回归模型的参数估计是建立在一系列理论假设基础之上的,必须满足解释变量与被解释变量存在近似线性关系;误差项满足正态性假说且同方差;解释变量之间不存在线性相关这三个条件。如果不能满足同方差这一假定条件,则称现象回归模型存在异方差。异方差是对同方差假定的违反,是指随机扰动项的方差(也是因变量 Y 的方差)随着自变量的取值变化,而不是一个常数,误差项无自相关。自相关是对随机扰动项之间相互独立假定的违背,是指扰动项序列相邻期之间不是随机独立的而是存在相关关系。如果多元回归模型存在自相关现象,不加处理地运用最小二乘法估计回归模型参数,进行预测时会带来较大方差错误的解释,解释变量之间不存在线性相关。如果解释变量之间存在多重共线性,说明解释变量之间存在高度相关性。一般情况下,自变量之间都存在一定程度的相关性。若相关程度较高,则会使各回归系数估计的方差很大,导致估计性质不稳定。因此较严重的多重共线性会使模型与实际相差甚远,不能很好地解释因变量的变化。在公共管理研究中,总体的实际情况是否

符合这些基本假说还需要进一步检验。

首先,对数据进行异方差检验。运行 SPSS,依次点击 analyze→regression→linear,将干部教育培训总绩效选为因变量(dependent),因子分析所得到的四个影响维度选为自变量(independent),依次点击statistics(estimates、durbin-watson、casewise diagnostics—all cases、model fit)、plots(将 zresid 选为 y 轴,zpred 选为 x 轴,normal probability plot),其余采用默认方式,单击确定,得到的输出结果获得残差图如图 6.2所示。

因变量总绩效

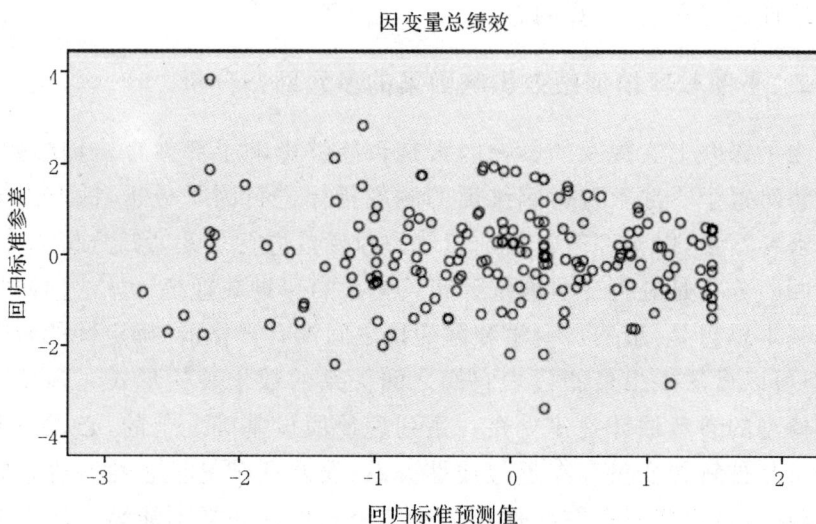

图 6.2 干部教育培训绩效影响因素异方差图

可见,样本数据存在异方差现象。所谓异方差现象是指由于社会现象是错综复杂的,在建立相关问题的回归分析模型时,经常会出现某一因素或一些因素随着解释变量观测值的变化而对被解释变量产生不同的影响,导致随机误差项产生不同方差,即异方差性。当我们所研究的问题存在异方差性时,线性回归模型的基本假定就被违反了。当一个回归问题存在异方差性时,如果仍用普通最小二乘法来估计未知参数,就会造成估计值不是最优、参数的显著性检验失效、回归方程的应用效果极不理想等严重后果。[75] 常用于处理异方差问题的方法是采用加权最小二乘法(Weighted Least Squares,WLS)。

最终的多元回归模型分析结果如表 6.5—表 6.7 所示。

表 6.5　模型汇总

模　型	R	判定系数	校正判定系数	估计标准误	Durbin-Watson
1	0.952	0.907	0.905	2.25354	1.948

表 6.6　方差分析

模　型	平方和	df	均　　方	F	Sig.
回　归	10249.865	4	2562.466	504.575	0.000
残　差	1051.241	207	5.078		
总　计	11301.106	211			

表 6.7　系数

模　型	非标准系数		标准系数	t	Sig.	共线性统计数据	
	B	标准误	Beta			允　差	VIF
1	5.892	0.041		143.520	0.000		
培训机构宏观管理	0.161	0.053	0.203	3.021	0.003	0.596	1.678
培训项目设计	0.169	0.097	0.213	1.736	0.084	0.178	5.624
培训组织管理	0.235	0.106	0.295	2.211	0.028	0.151	6.637
个人因素	0.025	0.094	0.031	0.262	0.794	0.192	5.198

　　总体来看，回归方程的决定性系数高达 0.907，F 值为 504.575，sig.＝0.000＜0.05，拒绝零假设；另一方面，回归方程的 D. W. 统计值为 1.948，接近 2，表明模型不存在自相关问题。陈希孺等根据经验得出：如果某个自变量的容忍度小于 0.1，则可能存在共线性问题。方差各系数的容许度（tolerance）均大于 0.1，说明回归模型不存在多重共线性问题。综上所述，回归模型线性关系是显著的，且对干部教育培训绩效有较强的解释力。

　　从各个变量的回归系数来看，培训组织管理维度的回归系数值最大，高达 0.295，sig. 为 0.000，具有高度显著水平，说明培训组织管理工作对干部教育培训绩效水平具有最强烈的影响。培训项目设计维度次之，回归系数为 0.213，说明培训内容设计的好坏、培训教师的选择、培训方法是否适宜等因素对干部教育培训绩效有着重要的影响。同样的，宏观层面上对培训机构的管理也有高达 0.203 的回归系数，并通过了显著性检验，说明培训市场的完善程度以及社会氛围等因素对干部教育培训绩效有重要影响。最后，个人因素回归系数的绝对值最小，且没有通过显著性检验，反映了个体的学习能力、学习态度、学习方法对干部教育培训绩效几乎没有什么直接影响。但是个体因素可能会通过作用于其他影响因素而间接地影响干部教育培训绩效。

第七章　干部教育培训绩效的优化路径

《2010—2020年干部教育培训改革纲要》指出，到2020年，要建立健全与中国特色社会主义事业相适应，与建设马克思主义学习型政党要求相符合，与干部人事制度改革相衔接，更加开放、更具活力、更有实效的中国特色干部教育培训体系。未来10年内，干部教育培训工作要以建立健全中国特色干部教育培训体系为目标，以体制机制改革为重点，以提高培训质量为主线，不断提高干部教育培训科学化水平，全面落实大规模培训干部、大幅度提高干部素质的战略任务，努力培养造就一支政治上靠得住、工作上有本事、作风上过得硬、人民群众信得过的高素质干部队伍，为全面建成小康社会、基本实现现代化提供思想政治保证、人才保证和智力支持。

本研究以在浙江大学干部教育培训基地参加培训的学员为研究对象，以第三章设计的干部教育培训绩效评估指标体系为测评工具，对他们的培训绩效进行了调查研究和统计分析。通过上文的分析，可以看出：第一，不同的参训主体的培训绩效有差异，个体本身的职级、获得干部教育机会的多少以及对干部教育重要性的认识程度都对个体的培训绩效有影响；第二，干部教育培训绩效是一个多层次的概念，具有动态性、发展性、复杂性的特点。培训的不同阶段、培训参与主体的工作绩效、培训绩效的不同层面等都会对干部教育培训绩效产生影响。

如何提升干部教育培训绩效水平，前文构建的指标体系可以给我们一些启示。根据柯氏评估模型建立的干部教育培训绩效评估指标体系将干部教育培训绩效划分为反应—学习—行为—结果四个维度，不同的维度代表了参训学员在不同层面的培训绩效。简单来说，反应层反映了参训学员对培训机构办学质量的满意度问题,学习层反映了学员知识、能力的改进,行为层反映了学员回到组织后应用所学知识技能的绩效,结果层反映个体绩效提升对组织绩效的影响。很明显可以看出,在四个绩效层次的展开过程中,培训机构、参训学员以及培训组织部门干部教育是培训过程的主要参与方,也是十分重要的干部教育培训绩效的影响要素(如图7.1所示)

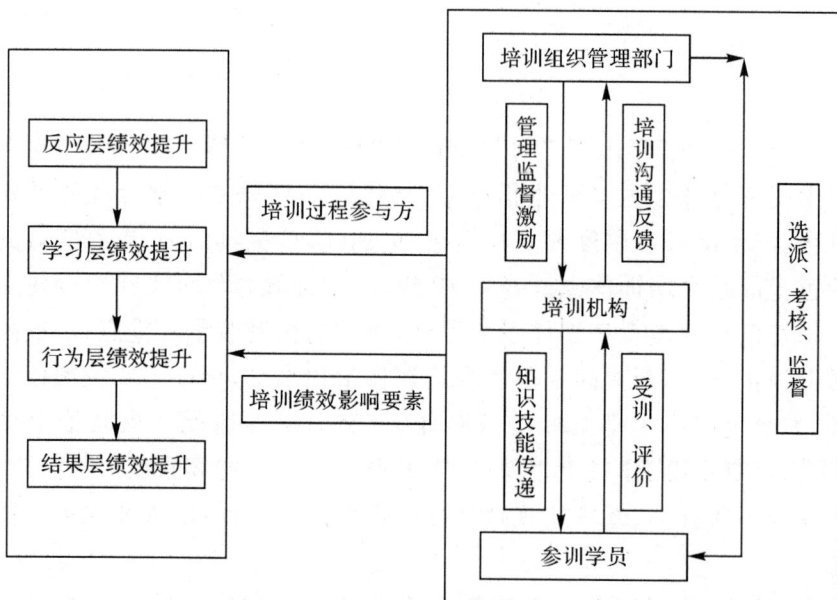

图 7.1　干部教育培训参与主体与干部教育培训绩效关系

　　培训机构是干部教育培训市场的供给方,负责干部教育培训的具体操作。以培训组织需求、培训学员的个体及其岗位需求为依据,设置培训内容,并通过专业化培训教师教学,提高干部教育培训绩效水平。众多的干部教育机构形成干部教育培训市场的一个重要主体。参训学员是干部教育培训市场的需求方,在干部教育培训参与主体中处于十分重要的一环,决定了干部教育培训绩效水平的高低。不同学员由于个体特质以及所在职位、组织不同,参与培训的积极程度、学习能力、学习兴趣都会有较大差异。培训组织管理部门是干部教育市场的监管方,负责培训市场规范、干部教育工作的整体规划、协调服务、监督检查。

　　由于在实践过程中无法改变参训个体本身的特质,只能根据培训主体本身的特质设置分类培训,通过具有外部目标导向的考核、激励等方式来提高干部教育培训绩效。所以,根据上文分析,本着培训组织部门以及培训机构绩效优化路径可操作的原则,本文拟从干部教育培训组织工作优化、培训市场优化、培训办学机构优化等三个层面提出我国干部教育培训绩效的优化方案。具体的优化路径图如图 7.2 所示。

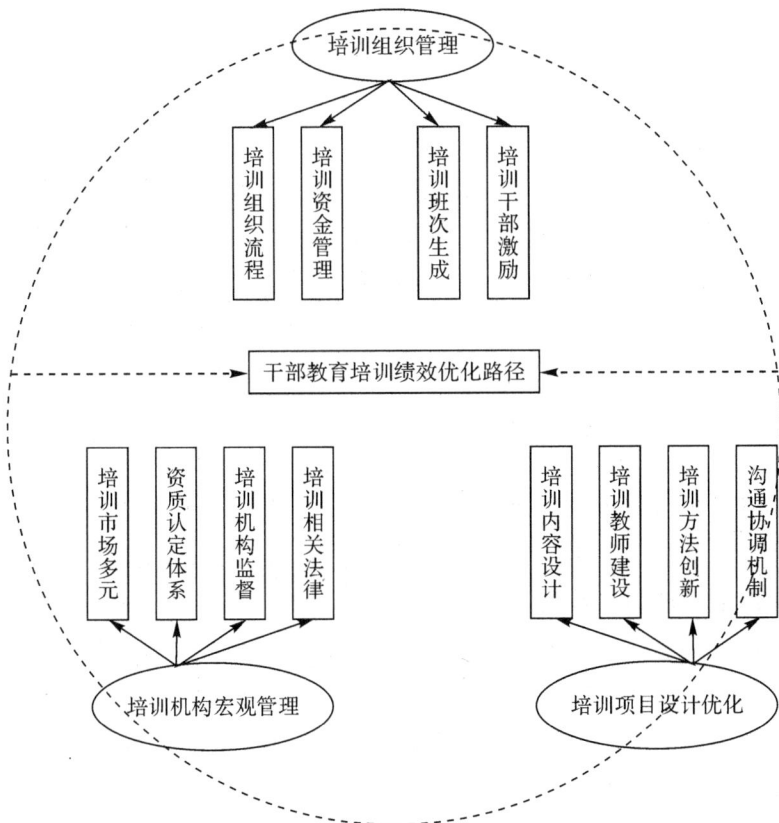

图 7.2　干部教育培训绩效优化路径图

第一节 完善对干部教育培训机构的宏观管理

一、建立多元化干部教育培训市场

社会转型期干部教育培训和能力提升将是一个持续的动态过程,传统的以党校、行政学院垄断干部教育培训市场的现象并不能满足日益增长的干部教育培训需求。[76]李源潮在干部教育培训改革的会议上指出,干部教育培训机构普遍存在缺乏竞争意识、培训工作缺乏活力的现象。[77]与其他干部教育培训供给主体相比,体制内的干部教育培训机构(如党校、行政学院、干部学院)并不占有技术上的优势。举例来说,业务流程重造技术、全面质量管理等管理技术都是由企业发明的。但是由于体制内干部教育培训机构占有先天的政治资源优势,所以不管其培训效果如何,一般都能处于"旱涝保收"的状态。这在很大程度上削弱了培训机构提升自身办学能力的内在动力,也排除了来自体制外干部教育机构的竞争压力。

西方发达国家公务员培训改革的实践表明,在公务员培训市场引入竞争机制是实现培训优化的最终选择。公务员培训市场参与主体的多元化成为西方国家公务员改革的一个重要趋势。以芬兰为例,1995年后,芬兰实行的是完全市场化的公务员培训体制。该国没有政府独资的公务员培训机构,公务员培训完全成为公开的市场领域。政府可以向各种培训机构和私人咨询机构进行招标,根据培训产品和培训收益进行权衡利弊,确定培训实施机构。正是由于存在市场选择,各培训机构在生存和发展的内在压力驱动下,深入调查政府培训需求,重视培训产品的研制和开发,提高培训产品的竞争力,为政府提供高质量的培训服务。我国干部教育培训市场的改革方向之一就是实现培训机构多元化,通过市场竞争,使得培训机构通过提高培训绩效来谋求生存和发展。《2010—2020年全国干部教育培训规划》指出,要将"形成党校、行政学院、干部学院主渠道作用充分发挥,高等学校和其他培训机构积极参与,网络培训广泛运用,开放竞争、优势互补、充满活力的办学体制"作为主要目标之一。所以,应在继续发挥党校、行政学院、干部学院等主渠道作用的同时,整合和集聚高等院校、科研院所和境外著名培训机构等优质培训资源为干部教育培训活动服务。可以通过引导鼓励建立社会干部教育机构,设置高校干部教育培训基地,开辟各类实践教研基地,充分利用境外培训机构,开展干部教育培训网络在线学习平台等方式实现干部教育培训市场多元化以及竞争化。通过在培训机构中引入竞争机制,引导培训机构在竞争中以效益获得生存,以质量求得发展,逐步建立起充满生机与活力的教育培训体系。

二、建立干部教育机构评估与资质认定体系

开放的干部教育培训体系易造成干部教育培训市场的无序状态。当前,各种干部教育培训机构的办学能力和办学水平差异较大,存在良莠不齐的现象。同时,由于缺乏充分的市场竞争,一些培训机构,特别是党校(行政院校)等主阵地受长期计划经济条件下"培训行不行都有任务,质量好不好都有学员"[78]的影响,主动参与培训市场竞争的积极性比较缺乏。为达成开放以促进发展的愿望,就有必要在开放干部教育培训体系的同时,为保持干部教育培训的水准拉起一条基本线。这条线就是要对开展干部教育培训的机构进行标准的资质认证。

科学的干部教育培训机构资质认定制度是干部教育培训市场有效运转的前提,也是国家干部教育培训调控政策发挥功效的基础。目前在干部教育培训机构资质认定方面,我国缺少明确的认定标准、认定机构、认定程序、认定结果的公开平台及监督管理等。因此,必须建立科学、完整、公正、客观的干部教育培训机构认定制度。

干部教育主管部门应当根据培训的总体目标,确定干部教育培训机构的全国性准入指导意见,制订"干部培训机构资质认证办法"。对干部教育培训机构的认证评估应建立覆盖基础建设、师资力量、教学内容、管理方式和服务水平方面的评估指标体系。一旦干部教育培训机构提出资质认证申请,负责干部教育培训认证工作的组织机构可以通过组织相关领域的专家以及教育部门、干部教育培训管理部门对干部教育培训机构各方面情况进行审查评价,并在充分讨论和比较分析之后确立培训机构的资质等级,其中专家的选择至关重要。干部教育培训组织管理部门可

以从社会各界遴选一批涵盖各类教育培训的专家,设立教育培训机构评估专家库,并在此基础上组建一个评估中介机构,负责建立注重实效的、科学的外部评估体系,组织实施对参与干部自主选学的高校及社会培训机构的评估。在评估活动正式进行之前,评估小组需要事先拟定一个详细的计划,其内容主要包括:评估日程、每日的任务计划、相关人员的工作安排、具体的接洽事宜、评估的注意事项。总体看来,一般的教育机构评估活动计划至少应拟定以下几个环节的具体工作情况:[79]

(1)培训机构自评阶段

(2)审查自评资料阶段

(3)正式评估阶段

1)干部教育培训评估小组赴培训机构进行现场访问

2)干部教育培训评估小组向评估委员会提交现场访问报告

(4)结果报告阶段

1)机构对报告提出意见

2)评估委员会做出评估意见

3)机构或者接受决定,或者就不利于自己的决定提出申诉,由评估委员会最终裁决。

(5)评估工作总结阶段

1)评估委员会反馈评价结果

2)对方案和实施程序作后评估

评估结束之后,主管部门将评估结果及时反馈给施教机构,并对在限期内仍未达到评估标准的施教机构取消其培训资格。干部教育培训机构的认定应遵从实事求是原则,执行过程要简化,实施细则应科学、合理,相关配套激励措施和优惠政策要跟上,并落到实处。经认定的干部教育培训机构将受到干部教育培训主管部门的优先委托,并获得相关资源的重点支持,以引导干部教育培训市场的良性发展。

三、构建全方位培训机构监督体系

党的十七大提出:"继续大规模培训干部,充分发挥党校、行政学院、干部学院的作用,大幅度提高干部素质。"如何构建全方位、多层次的干部教育培训质量监督体系,营造干部教育培训质量监督的社会环境,是确保大幅度提高干部素质这一重大战略目标实现的前提,也是我们急需深入研究的重要课题。

干部教育培训质量监督体系可分为内部监督系统和外部监督系统。其中内部监督系统以培训机构自我监督为主,主体为培训机构本身,以满足委托单位培训需求、提高培训质量、建立培训机构品牌为目的,由培训需求分析、培训项目设计、培训实施过程和培训跟踪评估等质量监督环节构成,各个环节的规范性程度、科学化程度、完善程度、各参与主体的沟通频率等都是需要考察的范围。干部教育培训内部监督体系是干部教育培训机构提升自身培训质量的基础条件。

干部教育培训外部监督系统是干部教育培训机构不断发展的动力所在,包括干部教育培训组织管理部门监督、参训单位及参训干部个人监督以及社会监督等三部分。其中,干部教育培训组织管理部门是培训质量监控的领导部门,其主要职责:一是会同相关部门和单位组成干部教育培训机构评估监督工作机构,负责指导、协调、监督和检查干部教育培训机构的评估工作;二是负责对干部教育培训机构进行评估;三是各评估监督机构根据工作需要,成立相应的专家评估监督组,定期或不定期对培训机构进行专项或综合性的检查评估监督。在条件成熟的情况下,各评估组织机构也可以委托具有评估资格的中介机构来评估。干部单位和干部个人是培训质量监控的直接责任单位或个人,其主要职责:[80]一是配合主管部门做好对培训机构的评估监督工作;二是定期或不定期地反馈参训单位或干部个人对培训机构进行专门的质量监督的意见或建议,并形成制度;三是采用动态分析法,做好干部训后动态的评估与反馈工作,即干部培训后行为层次和态度层次的评估与反馈,包括受训人员的主观感受和心得总结,上级、下属或是同事对其培训前后行为、态度进行的对比等,定期向主管部门和培训机构通报干部训后跟踪反馈信息,并形成规范性制度。社会监督系统本身并不直接作用于干部教育培训机构,而是通过舆论、市场选择等方式影响干部教育培训机构的建设。如社会公众通过对培训机构的社会声誉、"名人名师"的认知等方式来选择培训机构,并形成一定的舆论压力,引导干部教育培训机构的发展。干部教育培训机构外部评估监控的内容主要包括对办学方针、培训质量、师资队伍、组织管理、基础设施、经费保障等方面进行评估监控。具体来说,在办学方针方面主要评估监控培训机构能否贯彻党和国家的干部教育培训方针政策、培训工作是否服务和服从党和国家的工作大局、培训观念制度机制是否与时俱进、办学行为是否端正；培训质量方面主要评估学员对课程设置、教学效果的满意度，学员单位对学员学习结束后工作能力及素质的提高情况的认可度；师资队伍方面主要评估教师队伍的年龄、学历、职称、专业结构情况及教学科研情况；组织管理方面主要评估培训机构的班子结构、工作作风、机构完善程度、对上级指示的执行情况；基础设施方面主要评估培训机构的物质条件和技术手段，包括一切教学设施和附属建筑；经费保障方面主要评估教育培训专项经费的使用情况以及与干部教育培训相关工作的经费投入情况等。

在监督过程中，需要采取听汇报与实地考察、内部自评监控与外部考评监控、座谈讨论与问卷调查、全面检查与局部抽查相结合、日常检查监督与专项检查监督相结合等方法进行多样化、多角度评估，努力提高质量评估监控工作的准确性和实效性。

监督本身只是一种手段，真正的目的还是在于通过监督，提高干部教育培训结果的透明度，通过监督报告的公开等方式，促进干部教育培训机构的自我激励和竞争发展。如何构建干部教育培训质量信息交流平台，通过接收社会的监督来促进干部教育培训事业快速发展成为关键。干部教育主管部门和培训机构要通过网络或平面媒体等共同建立一个培训质量监督平台，及时地发布各类干部教育培训信息及培训质量自控结果，让各党政机关、企事业单位及广大社会公众通过该平台及时准确地了解培训机构培训的质量情况，并加以有效监督和反馈，使干部教育培训置于全社会的共同监督之下，不断提高其培训质量和水平。

四、完善干部教育培训法律法规

制度建设是推进体制机制改革的基础性工作，具有全局性、根本性和稳定性。高效、灵活的干部教育培训制度，既能对各级党政组织抓干部教育培训工作起到积极的约束和规范作用，又能对干部学习的积极性和自觉性起到有效的激励和引导作用。制度化程度的高低是判断一个国家干部教育培训体系成熟与否的重要标志。完善的法律法规和制度体系是确保干部教育培训健康发展的根本保障。发达国家公务员培训制度发展历史较长,在高级公务员培训方面积累了许多有益的经验,形成了独具特色的培训模式,并通过制定法律和法令,把培训建立在法制的基础上,使培训工作目标明确,易于操作。通过高级公务员培训的法制化,确保了培训的严肃性、稳定性和有效性。如韩国在 1963 年就颁布了《国家公务员法》,此后陆续出台了有关离岗培训、在职培训、公务员奖学金规程等几十种有关公务员培训的法律和政令,形成了相当完备的公务员培训的制度体系。

目前我国与干部教育培训相关的法律法规主要有《公务员法》、《干部教育培训工作条例(试行)》、《中国共产党党校工作条例》、《行政学院工作条例》,但是这些法律、条例大多只是对干部教育培训的一些原则性规定,缺乏具体的配套制度和操作性规定,增大了干部教育培训工作的随意性。2010 年,中央颁布的《2010—2020 年干部教育培训改革纲要》深刻分析了干部教育培训工作面临的形式和任务,针对制约干部教育培训质量提升的关键环节,提出了对未来 10 年干部教育培训改革的全面部署。该纲要对干部教育培训办学体制、运行机制和宏观管理的改革都提出了具体的规划。

在当前和今后一个时期内,在干部教育培训改革和创新的过程中,应及时将成功经验进行总结,尽快建立健全干部教育培训的单项规定和操作规则,形成相互配套、相互协调的有利于推动干部教育培训整体发展的干部教育培训制度体系,确保干部教育培训各项工作有规可依,有章可循。

首先,要提高干部教育培训工作的立法层次。全国人大及其常委会应在《公务员法》的基础上尽快出台《公务员培训法》,用法律的形式将公务员培训制度确定下来。法律内容应包含立法的指导思想和原则、培训的目标、干部教育培训的权利和义务、培训内容和方式、培训机构设置和师资队伍建设、培训经费管理、培训管理规范、培训评估机制和激励机制等。通过较高层次的干部教育培训法律的制定,能够更好地对干部教育培训工作进行指导和规范。

其次,应尽快建立健全干部教育培训的单项规定和操作规则,如《干部教育培训经费来源和使用的规定》、《干部教育培训机构质量评估的实施办法》、《干部教育培训机构准入制度》、《干部教育培训项目管理制度》等,确保干部教育培训各项工作有规可依。只有制定单项的培训法规,才有利于干部教育培训的规范化操作,为推进干部教育培训体制机制创新奠定基础。同时,各地区、各行业也应根据各自实际,建立和完善各地、各行业的干部教育培训的具体规定和实施办法。

最后,要加强对现有法规的落实和执行情况的督查、检查。现有的《公务员法》、《干部教育培训工作(条例)》等法律、规章都对干部教育培训的相关工作进行了严格的规定和约束。但在实际运行中,很多培训机构难以保证此项规定的落实。再如 2008 年一项万人调查结果显示,在过去五年中,干部参加脱产培训实践累积不到 1 个月的占 20.2%,另有 11.6% 的干部没有参加任何形式的脱产培训。没有参加的原因,62.2% 的干部选择了"组织人事部门没有安排"(如图 7.3 所示)。[81]

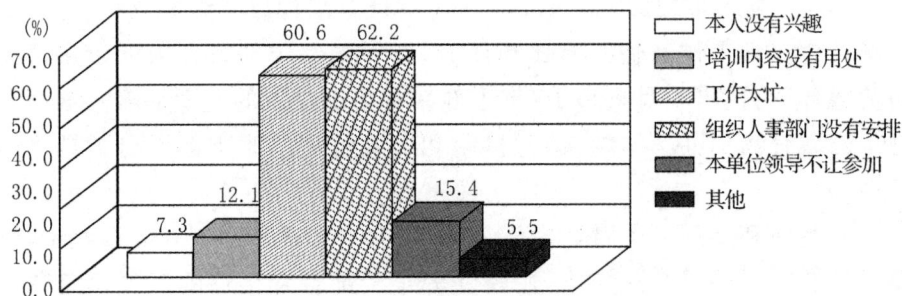

图 7.3　干部参加脱产培训情况调查

因此,必须通过多种形式,对现存的有关干部教育培训法规和制度的执法检查,提高各级党委、政府及其组成部门、广大干部、干部教育培训机构对相关法规和制度贯彻落实的自觉性。要依据现有法规的规定,对有关不符合或违反现有法规的行为进行纠正,并对有关责任主体进行责任追究,切实保障现有法规的权威性。

第二节　加强干部教育培训组织管理工作

一、建立规范的干部教育培训流程

国际标准化组织于 1999 年制定颁布了《ISO 10015 培训质量管理指

南》,对培训的定义、目标、流程、规范等做出了较为明确的规定。由于受该指南的影响,西方国家普遍建立了规范的培训流程。如芬兰相关的培训制度就提出,办学机构的培训活动一般需遵循如下培训流程:[82]

(1)培训需求分析。培训需求包括国家、组织、不同公务员群体和个人等四个需求层次。首先要满足国家需求,考虑国家要解决什么问题;其次是了解组织需求,根据国家发展战略,组织内部要进行哪些改革,需要做什么专题培训;然后才考虑不同公务员群体和个人的需求。

(2)设置培训目标。设置培训目标,首先要了解培训的目的是什么,为什么要组织这次培训,需要完成什么工作,然后是看组织内部现实的具体目标有哪些,最后确定培训课程。

(3)课程设计。课程设计要完成八项工作:一是了解和分析培训对象;二是确定培训的组织结构,尽可能安排网络学习部分;三是排定培训项目课时分配表;四是确定培训的持续时间;五是选定培训材料;六是选择最合适的培训方法;七是走访参训学员;八是确定评估方式或方法。

(4)培训的组织实施。强调互相交流学习,创造和谐的培训气氛,学员利用所学的知识和技能,同行之间互相学习,共同提高。

(5)培训评估程序。选择评估方法,确定评估标准,向学员和学员的上级发放评估问卷,进行培训评估,运用评估结果,改进培训工作。

干部教育培训活动是一个完整的流程,但在实践过程中,由于受到培训观念、培训技术、培训经费约束、培训时间限制等多方面的约束,培训组织部门以及培训机构本身经常自动省略了培训前的需求分析、培训后的效果评估以及培训过程中的沟通、协调、反馈过程。这在很大程度上影响了参训学员的积极性和学习效果,也不利于干部教育培训项目的优化和培训机构办学能力的提升。

为了确保干部教育培训质量,干部教育组织部门必须建立一套从培训项目设计、实施到培训效果评估及信息反馈的科学的、易操作的管理程序。[83]一般来说,这至少包含三部分:第一步,开展干部教育培训需求调查,明确组织需求、岗位需求以及个人需求。培训需求分析的内容包括:参训学员的个人需求分析和工作绩效分析,培训对象的组织需求分析,参训学员的岗位胜任力分析,培训机构和师资队伍的有效性分析,培训内容、培训方法和培训时间的合理性分析,培训项目经费支出分析等。第二步,根据调查结果,组织课程专家小组设计相应的培训方案。在培训过程中,培训委托方应加强与培训机构的沟通协调,对参训学员的培训学习效果随时进行实时监测。第三步,培训结束后,加强培训效果追踪调查和信息反馈,并注重对培训评估结果的应用,将干部教育培训绩效纳入到干部个人档案中,作为干部工作调动的依据之一。

二、建立干部教育培训班次计划生成机制

干部教育培训班次[84]主要是指由干部教育培训主管部门制定的年度调训班次。计划调训班次是干部教育培训班次的主体和重点,是体现干部教育培训为科学发展服务,为党和国家中心工作服务的重要载体。干部教育培训班次计划生成机制就是指干部教育培训主管部门会同相关部门,为确保培训班次设置的科学性而采用的程序和方法。

在干部教育培训班次计划制订的过程中,干部教育培训主管部门应组织成立由心理学、组织行为学、社会学、领导学、教育学、统计学等方面的高层次专业人士、国内外高端培训专家、政府官员、项目管理专家参加的咨询顾问团队,直接参与培训班次的研发,提高班次计划设计的科学化水平。同时,还可以建立与党委政府参谋研究部门的密切联系,发挥其对党和政府中心工作全面掌握的专业优势,充分听取对班次选题的意见。干部教育培训主管部门应在各培训机构上报的培训班次计划的基础上,根据满足各类需求的轻重缓急和现实条件,通盘考量培训主题、培训目标、培训对象、培训形式、培训渠道等各种干部教育培训要素,形成初步的班次计划。[84]

同时,要通过多种渠道和方式,对初步班次计划进行论证完善,着力增强班次计划的科学性和可操作性。地方组织的重要培训班次要征求各地党委、政府领导班子的意见,确保组织层面的宏观培训需求更具有针对性和前瞻性,有利于确保干部教育培训为各级党委和政府中心工作服务的实效性,也有利于取得党委和政府对重要培训班次的重视和支持;一般性培训班次计划要征求基层有关部门和单位的意见,确保培训班次符合基层实际工作需要;要在一定范围内征求干部代表的意见,确保培训班次满足干部个人需求。通过综合各方意见,进行修改完善,形成拟上报讨论的班次计划。[84]

各相关单位应尽早研究制定班次计划向上级主管部门进行申报,并提出具体的班次申报论证书,明确办班的目的、培训对象、初步教学培训计划、经费需求等内容。要严格班次计划审批制度,对培训机构选择、办班地点、招生人数、培训机构收费标准等问题进行严格把关,避免重复抽调、多头抽调和乱办班、乱收费、乱发证现象。对未经按规定审批而举办培训班的行为进行严肃查处。

三、完善干部教育培训资金的投资分配机制

资金是形成干部教育培训持续的重要条件之一。从目前来看,我国干部教育培训资金的投入总量、使用效率都存在突出问题。[85]

1.资金投入总量不足

现阶段我国干部教育培训资金主要以财政专项拨款为主,辅之以培训单位投入。农村地区的干部教育培训还会有一部分从党费中划拨的资金支持。但在总量上并不能满足日益旺盛的培训需求。而且财政以及单位资金很大程度上受到地方经济发展水平的影响,一些经济不发达的行政区域,特别是农村地区,对干部教育培训投入较少,甚至出现被挪用的现象。由于经费不足,导致干部教育设备落后,干部参与培训机会不均等,参训人数被压缩等现象。

2.资金使用效率较低

从培训组织管理的角度来说,由于缺乏对干部教育培训的统筹管理,出现大量重复培训的现象。最终的结果是有限的资金不能投入到关键的培训内容、培训主体上。有的培训组织部门在没有经过需求分析的背景下,就随意组织学员外出考察培训,造成培训资金的浪费。

如何实现对干部教育培训资金的合理、有效利用,首先要实现培训市场投资主体多元化。在逐步加大各级政府财政支持力度的同时,通过单位和个人按比例分摊的原则,根据培训内容的不同而采取不同的资金投入方式。对于与岗位工作相关程度不高,而与个人职业发展密切的能力培训,包括学历教育,可以采取单位资助、个人自筹为主的方式。第二,还要充分发动社会筹集。借助社会的力量,如发动企业赞助、设立培训奖学

金的方式补充各单位培训资金不足的问题。其次,长期以来,我国干部教育培训在资源分配上存在较为严重的供给不均衡问题。在今后的干部教育培训资金分配过程中,应以干部教育全面均衡发展为目标。资金分配时注意向经济落后地区、农村地区、基层公务员、专业性较强的、新兴产业领域的干部教育培训倾斜,尽最大可能实现教育培训均等化。最后,加强对干部教育资金使用的管理监督,提高培训资金使用的合理性和科学性。制定干部教育培训经费使用方面的法律法规,明确规定干部教育培训资金申请使用的程序,要求有详细的干部教育培训预算方案,并针对预算执行情况递交详细的决算报告。干部教育培训主管部门对此进行核实,严防干部教育培训资金的浪费现象。

四、完善对参训干部的选培、考评、激励机制

干部是培训最重要的参与主体,制度上的选择培养机制、培训绩效考核机制以及培训激励机制对引导干部培训行为、激发干部培训积极性有着重要的影响。

当前,我国干部参加培训主要是以"同一行政层级的职务"作为划分依据,但在专业上不尽相同。所以在培训内容上更强调"任职能力"这一目的,而在专业培训方面难以面面俱到,而且也没有充分考虑到学员个体发展水平和个性化学习需求。所以按照教学质量最优化原则,对于基础政治理论、重要政策法规等必学内容,可以采用行政化、层级化分班方式;而对于专业性较强的培训内容,可以考虑对岗位相同而级别不同的干部进行培训前测试和需求调研,把个体发展水平、学习需求相近的干部组织到一起进行学习。

另外一个重要的问题是,《干部教育培训工作条例(试行)》中明确指出"干部教育培训面向全体干部,创造人人皆受教育、人人皆可成才的条件",但在干部教育培训实际管理过程中,存在着大量干部重复培训,或是有些领导干部因为工作关系而很少参加培训的现象,相反对一些年轻干部、基层干部教育培训则是处于供小于求的境地。

地、市、县以及乡镇一层是我国干部群体主要集中区域,也是执政队伍中最广大的全体。一般而言,基层干部处于政府工作的第一线,直接与群众接触,他们的综合素质与能力对基层稳定、政府形象构建、基层政府服务质量有着十分重要的影响。在社会转型期,广大基层干部应对网络媒体的能力、处理应急事件的能力、服务群众的能力等都亟待提高。[86]同时,基层干部数量众多,综合素质差异较大,对干部教育培训的需求旺盛。由于当前的干部教育培训的重点对象是县处级以上干部。广大基层干部接受教育培训,尤其是优质培训的机会相对较少。[87]在以后的干部教育培训选培原则中,应当更加重视基层干部的教育培训问题,加大安排基层干部、年轻干部参与培训的力度,并依据学员教育培训的绩效水平以及培训效果对组织工作的改进情况决定下一次培训学员的选择和培训内容的选定。合理的干部教育选培机制有助于提升干部教育参与培训的热情,实现干部教育培训均等化,有助于提高干部教育培训整体水平。

如何对参训学员进行考核激励,一直是人力资源管理工作的重要研究课题。一般来说,参训学员参加培训的激励效果主要取决于三种关系:一是个人努力与通过培训提升自我素质和能力的关系;二是个人的素质、能力提升与组织认可的关系;三是组织认可与个人满意的关系。[84]因此,建立好的激励约束机制,能够调动干部参加培训并应用所学的积极性和主动,确保干部教育培训活动取得实际效果。

在干部参加培训期间,培训机构应加强与参训者所在单位的合作,共同开展对参训者学习效果的评价。首先,要构建全面、科学的学习效果评价标准。既要关注培训后的结果评价,也要开展对参训者学习期间的学习态度、学习能力和学习质量的评价;既要评价参训者掌握理论知识的情况,更要重点评价思维观念的创新能力和所学技能的实际应用能力。同时,注重干部教育培训评估主体的多元化。针对参训干部教育培训绩效,不能单纯以培训机构的考试成绩为结果。应该在参训学员回到单位之后,通过对参训学员单位领导、同事、参训干部本身的访谈或问卷调查,对参训干部回到组织后是否实现了思想转变、技能提升等方面进行调研,并最终形成干部教育培训最终绩效评价。最后,建立和完善干部教育培训绩效与干部考核任用的联动机制。虽然当前的干部教育培训记录将作为其任职、晋级的依据,但总的来说,培训绩效与干部自身发展的关联度仍然较低,这在一定程度上影响了参训的积极性。公共部门组织内部环境的相对稳定性和缺乏竞争性,使置身其中的组织成员更习惯于墨守成规及安于现状,缺乏将培训内容转化成绩效所必需的支持条件,使得培训内容的应用效果不明显。《干部教育培训条例（试行）》中规定："建立干部教育培训的考核和激励机制。将干部教育培训情况作为干部考核的内容和任职、晋升的重要依据之一。"按照这一精神，可具体从以下方面进行改进：一是严格执行《党政领导干部选拔任用工作条例》，未经过相应党校、行政学院或其他培训机构三个月以上培训的党政领导干部不得提拔。各单位呈报干部任免表时，必须如实填写干部参训的情况。凡未达到培训要求的，各级组织部门原则上不予研究。二要把学习培训成效和考核结果与干部提拔使用切实结合起来，把学习教育培训的成效作为一个重要条件，达不到要求的坚决不予以提拔使用。三要将干部的教育培训纳入各级党政领导班子目标责任考核，逐步建立起科学的考核评价体系和奖惩机制，使之成为促进干部重视并积极参加教育培训的有效手段，进而提高干部教育培训工作的质量和效益。[88]

第三节　优化干部教育培训项目过程

一、建立专业化的培训教师队伍

党校工作条例强调"队伍建设是党校事业发展的关键"，而"党校队伍建设的重点是教师队伍建设"。培训教师队伍的素质是干部教育培训机构的办学能力的高低的关键。培训教师队伍的专业化建设以规范干部教育培训队伍来源、健全干部教育培训队伍考核激励机制、提升干部教育培训教师能力为目的，是加强干部教育培训机构办学能力的核心和关键，也是提高干部教育培训绩效的有力保障。干部教育条例提出了对干部教育培训师资的素质能力的标准，要求干部教师队伍具有"较高的理论政策水平"、"一定的实际工作经验"，"掌握现代教育培训理论和方法"。为建立一支专业化的培训教师队伍，可从以下几个方面着手：

1. 加强对干部教育培训教师的培训

知识经济时代知识更新速度加快，所谓育人者先育己；不仅对干部本身的能力素质有了更高的要求，对作为施教者的干部教育培训教师更是如此。所以必须落实专职教师知识更新机制,加强对干部教育培训教师队伍的培训工作,可以从以下几个方面着手:[84]一是开展对新任教师的入职培训,重点加强对干部教育培训工作规律和干部教育培训专业技能的了解和掌握。二是选择公认的教学效果好、教学经验丰富的优秀教师举行教学观摩和经验交流活动,充分发挥优秀教师的辐射作用,通过传帮带的方式促进青年教师的成长。为教师提供相互交流、学习的机会,加强干部教育培训教师的基本功训练和新的教学方法、教学手段的运用能力。三是主动与各级党委、政府有关部门加强联系,有计划地选派骨干教师到党政机关和实践一线挂职锻炼,帮助培训教师熟悉党的相关工作体制机制,提升其理论联系实际的能力。同时积极参与政府支持的各项课题,通过参与重大课题的调研和实践活动,以课题突破带动师资能力的提高。四是有计划、分步骤地组织教师特别是中青年骨干教师,到境内外知名高校和上级干部院校学习进修,保证专职教师每年参加教育培训的时间累计不少于1个月。五是选派教师参与培训项目的设计与实施工作,进行跨岗实践,使其增强对培训管理全过程的了解,为教师发挥自身专业特长,促进全面发展提供条件。

2.完善干部教育培训教师评价机制

培训教师是教学工作的主体,其教学质量直接影响干部教育培训的质量。因此,怎样合理评价培训教师的教学质量并促进他们不断发展、自我完善是十分重要的问题。干部教育培训教师评价是培训教师管理制度的重要方面和首要环节。培训教师评价体系作为人才引进、教师岗位聘任、教师考评以及教师发展等各个环节中重要的依据和手段,发挥着引导、监督和激励作用。[84]科学合理的干部教育培训教师评价体系对于加强培训师资队伍建设,提高培训教学质量具有举足轻重的作用。首先,实现评价主体的多元化。因为干部教育培训过程涉及参训干部、干部教育培训机构教务管理人员等多个主体,各个主体的利益需求都不尽相同。所以对干部教育培训教师的评价应包含多方面评估主体,它是一个包含参训学员评价、教师自评、同事评价、教务管理人员评价的360°评价系统。其次,评估内容多层次化。干部教育培训教师评价不仅仅包括教师教学效果评价,还应包含对培训教师行为的评价。前者即为培训教师的课堂教学效果,可以通过培训学员学习成绩、培训后思想行为的变化来评价,也可以通过问卷调查了解参训学员对培训教师教学内容、教学方法、教学互动性的满意度来评价培训教师的教学效果。后者则是对培训教师的教学态度、教学能力、思想、知识水平的综合判断。最后,实现评估指标科学化。评估指标是衡量培训教师绩效的根本依据,现阶段的干部教育培训教师评价指标大多是教务管理人员依据教学经验设定的,具有较强的主观性。科学有效的评估指标的建立要严格遵守图 7.4 所示的程序。

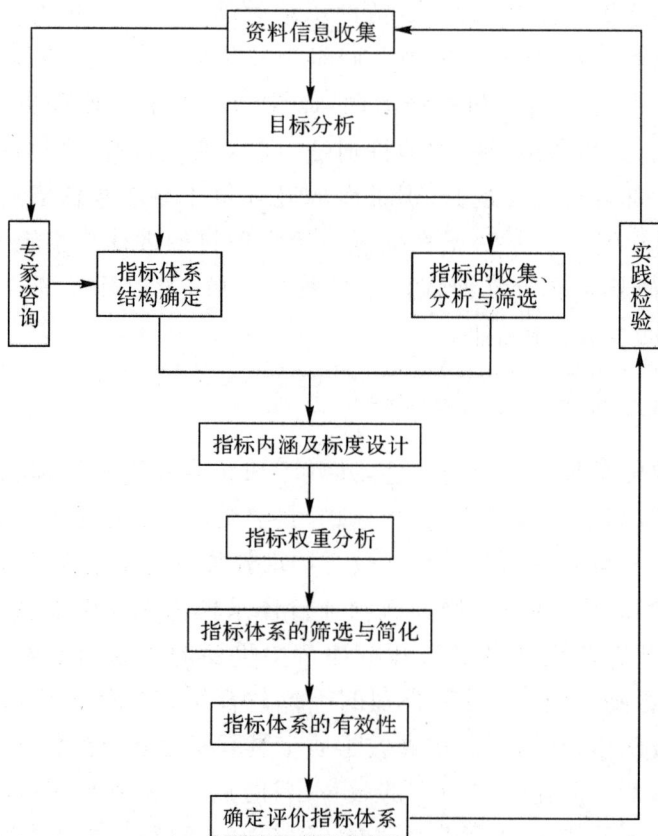

图 7.4 评估指标建立的程序

3．大力推进兼职教师的专业化、专职化建设

从当前教学实施的操作层面看,干部院校对外请的兼职师资在教学内容、时间安排上均不可控,进而影响教学质量和教育目标的实现。目前干部教育培训机构所请的兼职教师主要包括党政领导干部、党政机关所属研究机构的专家、企业管理人员、高校的专家学者等若干类,但兼职教师因为有自己的本职工作,很多情况下不能完全按照干部院校正常的教学程序授课。而且因为不是专职的干部培训教师,不可能将干部教育培训作为一门学问来研究,不熟悉干部教育规律和干部教育方法,结果往往有什么就提供什么,熟悉什么就讲什么,按需施教的原则很难得到落实。有鉴于此,干部教育培训机构要做好兼职教师的选聘、管理、评价和激励工作,努力促进其专业化和专职化。第一,严格选拔标准和程序,把好入口关,实现兼职师资人员的相对稳定。建立干部教育培训机构兼职教师数据库,在全国甚至全球范围内选取符合培训专题的专家学者进行培训,提高培训质量。同时,明确每位兼职教师的教学工作职责,实现授课任务或方向的相对固定。加强培训前与兼职教师的沟通交流,明确每次授课的目标、任务和具体内容,使之符合培训项目的要求。加强对教学讲义和课件的审核把关,确保授课质量。第二,建立对干部教育培训兼职教师的激励考核。培训课程结束后,运用问卷调查、访谈等方式对培训教师的教学效果进行评估,对于教学效果好、受到学员广泛认可以及忠实履行职责并为学校教学工作提出有效建议的兼职教师给予充分的肯定,并给予适当的物质奖励。对于授课效果不好、不能有效履行兼职教师任务的人员,学校应按规定采用扣发课酬、暂停聘用等约束措施,实现干部教育培训兼职教师的流动性。

二、建立需求导向的干部教育培训内容生成机制

培训内容针对性、实效性不强一直是干部教育培训工作中最为突出的问题。科学的干部教育培训内容是提高参训学员学习积极性,提高干部能力素质的关键,也是培训机构建立品牌形象的重要环节。具有创新性的干部教育培训内容与时俱进,遵循干部成长规律,适应提升干部素质和能力的需求。而符合参训干部个体需求、岗位需求以及培训委托组织

需求的培训内容设计必须建立在需求调研的基础上。所以,必须改变过去单一由主管部门下达培训计划的方式,构建需求导向的干部教育培训内容生成模式。课程开发必须紧紧围绕组织、岗位和个人的学习需求来开展。

1. 围绕党政工作的难点与重点创新干部教育培训内容

干部教育培训应紧跟时代步伐,适应形势发展要求,密切结合新的历史发展时期党和国家的中心任务,围绕各地不同时期社会、经济发展战略和建设事业发展的需要,创新干部教育培训内容。只有如此,才能找准干部教育培训工作的切入点,实现干部教育培训的初衷。习近平在 2008 年全国干部教育培训工作会议上指出,抓好干部的知识教育培训,要着眼于广大干部履行岗位职责的需要,有针对性地开展岗位必备知识和能力的培训,加强与业务工作密切相关的新理论、新知识、新规则、新技能的培训,帮助干部及时更新知识,完善知识结构,提高科学文化素养,提高工作能力。从普遍性的要求讲,要重点抓好六个方面的知识培训:一是当代世界发展变化知识的培训,帮助干部以宽广的眼界认识世界,把握时代脉搏,认清面临的机遇和挑战;二是社会主义市场经济知识的培训,帮助干部增强驾驭市场经济的能力;三是高新科技和信息技术知识的培训,帮助干部增长科学知识,掌握科学方法;四是社会主义民主法制知识的培训,帮助干部提高民主管理、依法办事的能力;五是社会管理知识的培训,帮助干部提高社会管理能力;六是现代领导科学知识的培训,帮助干部提高领导水平。李源潮在 2008 年全国干部教育培训工作会议上指出,要以中国特色社会主义理论体系为中心内容,不断完善马克思主义基本理论培训课程,抓好用马克思主义中国化最新成果武装干部这个根本,提高广大干部尤其是年轻干部的理论素养,坚定他们的理想信念。要以提高领导科学发展能力为重点,不断更新现代知识培训课程。要认真研究如何把科学发展的要求转化为干部履行岗位职责所必需的核心素质和能力,开发与工业化、信息化、城镇化、市场化、国际化相适应的培训课程,重点抓好城市规划、环境保护、自主创新、危机处理、金融机制、民主法治、社会管理、传媒运用、国际政治等方面的知识和能力的培训。同时,中央组织部于 2008 年针对来自于部分中央国家机关部门和 31 个省(自治区、直辖市)和新疆生产建设兵团的 10400 名县处级以上领导干部开展了抽样问卷调查。调查结果显示:(1)"通过培训需要了解和掌握的理论与知识"依次是中国特色社会主义理论体系,特别是科学发展观、现代市场经济理论与知识、公共管理与公共服务理论与知识、国际国内形势与国情教育、领导工作方法、自主创新理论与知识、依法行政与政策法规教育、货币政策、资本市场等财政金融知识、社会建设与社会管理知识、处理公共事件与应急管理知识;(2)"需要通过培训提高的文化素养"依次是管理学、经济学、社会学、法学、现代科学技术、哲学、历史、政治学、文学、艺术;(3)"需要通过培训提高的能力"依次是科学决策、开拓创新、依法办事、政治鉴别、沟通协调、处置突发事件、心理调适、做群众工作。这些调查结果给当前干部教育培训的内容设置提供了重要线索。

2.应将干部岗位能力需求、个体需求作为课程开发的重要依据

胡锦涛在为"第二批全国干部学习培训教材"所作的《序言》中指出,干部教育培训工作,必须紧紧围绕广大干部履行岗位职责的需要,有针对性地开展岗位必备知识和能力的培训以及与本职工作密切相关的新理论新技能的培训,着力引导广大干部成为胜任本职工作的行家里手;必须根据完善知识结构、提高综合素质的要求,加强科学知识、科学精神、科学方法的培训,开展文学、艺术、历史等人文知识的学习,着力提高广大干部的科学素养和文化素养。干部个人按照组织、岗位的要求,为更好地履行职责和提升自我而提出的学习需求应成为课程建设的重要依据和着眼点。干部因岗位不同、个人需求迥异导致对干部教育培训内容需求不同。科学的干部教育培训必须根据培训对象的层次不同、素质要求不同、从事业务不同、岗位职责不同、行业不同、培训时间长短的不同等,来确定不同培训班次的培训重和培训内容的构成,分清哪些是必开的属于基本性、普遍性等共性内容的课程,哪些是属于专业性、特定性内容的培训课程,并科学地筹划共同性培训内容与特定性培训内容。

根据不同类别干部的不同特点有侧重点地设置培训内容,可以有效地克服培训内容不分对象、与干部履行职责的需求相脱节等弊端,对增强培训的针对性和实效性意义重大。根据参训干部的专门业务和岗位职责不同,有针对性地创设专题培训内容,能大大提高干部教育培训的吸引

力。为了全面、准确地掌握干部在综合素质和能力提升方面的学习需求，建立需求导向的干部教育培训内容设置流程，具体应按照以下程序操作：首先，在制订干部教育培训计划前，主管部门和培训机构可联合开展深入细致的需求调研，注重对不同行业、不同部门、不同级别干部培训需求的广泛调查。在对各地、各单位反馈意见汇总的基础上，召开由干部教育培训主管部门、领导小组成员单位以及培训机构的联席会议，听取各方对培训内容和培训计划的意见，准确把握组织需求、岗位需求和干部个性化需求。[89]其次，培训机构通过召集相关领域内的专家，根据培训组织部门的需求进行分析，针对不同类型的干部拟定不同的培训方法，力求实现组织需求、岗位需求和干部个性化需求的统一。再次，通过对干部教育培训计划的生成、实施、反馈的流程化设计，可较好地找到组织需求、岗位需求和个人需求的结合点。依据培训需求分析结果，集结干部教育培训领域的专家、学者、干部教育培训教师等通过座谈会、研讨会等形式，讨论干部教育培训内容设置。最后，在培训结束时，由学员填写《培训效果个人意见反馈卡》，以培训效果来评估和检验每个班次培训计划的针对性和实效性；年终再收集汇总各班次反馈的意见，评估和检验年度培训计划的科学化水平。这样可以建立干部教育培训内容科学化设置的长效机制。

三、创新干部教育培训方法

传统的知识本位理念的培训模式主要以教师为中心，以课本为中心，培训方式缺乏多样性和灵活性，以传统的课堂讲授、满堂灌为主，而案例分析、情景模拟、研讨交流、演讲辩论、拓展训练等一些生动活泼、效果好的培训方式较少采用。另外，培训中以教师为中心，教师向学员单向灌输知识，缺少师生间的双向互动以及学员之间的互相交流，造成"你讲我听，被动服从，思考欠缺"的局面，不能调动学员的积极性和主动性。[90]这种培训方式应用时间一长，难免使学员感到枯燥乏味，不能激发学员的学习兴趣，最终影响培训效果。西方国家在培训方法的使用上十分重视多样化。如英国的公务员培训实践中，通过对成人学习规律的研究，采用与实践结合的培训方法：个别指导、实践指导、做项目、布置作业（实践性）、行动学习（团队学习）、电子学习、集中学习等，最大限度地实现培训方法的灵活性,以适应不同参训个体的自身特点。

在我国干部教育培训实践中,必须建立"互动式、参与式"的培训方法。区别于以教师、教材为中心的培训模式,该培训模式更加关注学员是否能积极参与到整个培训过程中来。[91]在教学实施过程中,采用注重调动学员参与的培训方式。通过案例教学、研究式学习等方式,创设问题情境,设置疑难问题,引导学员应用一定的思维工具和方法分析问题,探究问题的根源,寻找解决的办法。采用结构化研讨方式,确保小组研讨有效开展,促进学员之间的经验分享和观点碰撞。所谓结构化研讨,就是指由培训催化师按照一定的程序和规则,采用相关的结构化分析工具,引导学员围绕某一主题分步骤、多角度地开展讨论。这种研讨方式能够有效避免传统研讨方式的一些弊端,充分发挥学员的主体作用,使每个学员都能贡献思想、尊重差异,确保研讨有序、高效地开展,提高学员分析问题和解决问题的能力,达到集思广益、达成共识的目的。

四、建立干部教育培训沟通协调机制

加强与干部教育培训委托方的沟通协调是提高干部教育培训有效性、针对性的重要保障。当前干部教育培训过程缺乏统一的协调机制,培训系统的各个环节普遍存在断点现象。针对此问题,具体如何开展,可以从培训前、培训中、培训后三个环节加以考虑。首先,建立培训前的沟通机制。培训机构应该在充分了解培训委托方需求的基础上,将培训班次的初步计划,包括培训目的、培训内容、授课形式及时通报给干部教育培训委托方和参训对象,使对方尽可能系统地了解培训计划情况,并根据培训委托组织和个体的反馈意见,及时对培训计划进行适当调整。同时,可以通过访谈、问卷调查、测试等方式,对参训干部本身的水平进行适当了解。一方面,可以根据个体水平高低设置难度各异的课程,同时还可以将培训结束后干部教育培训绩效评估成绩与此次预测试成绩进行比较,通过分析二者的差距,了解干部的最终学习绩效。其次,建立干部教育培训教务管理系统和培训过程跟踪改进机制。在培训的全过程中,培训机构可通过问卷调查、学员座谈、走访学员等多种形式,多途径、全方位了解学员对班次各方面的意见和建议,并根据实际情况进行适度调整,从中总结经验,作为今后制订培训计划的重要依据。充分利用干部教育培训现代

教务管理系统,提高干部教育培训管理过程的便捷性。最后,建立训后跟踪反馈制度。反馈的对象主要是干部所在的单位、干部的领导和组织部门的领导等。反馈的主要内容为干部参加培训期间的学习态度、学习期间的出勤状况、考核成绩和受到表彰的情况。培训结束一定时间后,通过向有关部门和参训学员发放调查表或电话访谈等形式,对学员的"学用结合"情况进行跟踪调查,重点了解培训成果的转化情况,以此检验班次计划的科学性和实效性,不断提高培训班计划制订的水平。

第八章　总结与展望

干部队伍是党和国家的核心资源,是治国理政的基础和保障。干部队伍素质是决定中国革命、建设和发展事业成败的关键。高素质的干部队伍离不开在各项事业发展中的锻炼,更离不开教育培训。知识经济的本质决定了培训在知识经济的发展中具有极其重要的作用,处于关键的地位。

第一节　研究的主要成果

本课题在对干部教育培训的特点、内容、构成要素的深度访谈和问卷调查基础上,概括提炼干部教育培训绩效的基本特点。课题组邀请从事干部教育培训教学和研究工作的 10 位专家(包括教授、学者和政府官员)召开专家会议,明确界定"干部教育培训绩效"的概念和内涵,研究构建"干部教育培训绩效"的概念构思,借鉴美国 Kirkpatrick 培训评估模型,从反应、学习、行为和结果等四个维度,建立"干部教育培训绩效"的 R-L-B-R 四要素结构模型。理论构建了 100 条反映干部教育培训绩效的指标。

为了增强评价指标的科学性、合理性和有效性,采用多种方法对理论指标进行实证筛选,通过隶属度分析、相关性分析、鉴别力判断方法、专家咨询法最终形成 4 维度 52 个指标的测度体系。测度指标体系通过内部一致性信度、折半信度和内容效度检验,效果良好。

运用模糊层次分析法,依据指标的重要性,给不同层次的指标赋予不同的权重。最后以浙江大学干部教育培训基地为研究样本,获得有效问卷212份,对干部教育培训绩效进行了实际测评,运用SPSS 18.0统计软件,对浙江大学继续教育学院干部教育培训班绩效的实证调查结果进行统计分析,考察浙江大学继续教育学院干部教育培训绩效的总体水平(集中趋势)及差异水平(离散趋势)。采用方差分析法(analysis of variance),考察不同条件下的干部成员的教育培训绩效是否存在统计显著性差异,并探寻引起差异的关键因素。

通过文献阅读,将我国干部教育培训绩效的影响因素归纳为培训机构宏观管理、培训项目设计、培训组织管理以及个人特征等四大维度,并通过对问卷调查的数据运用因子分析、回归分析等方式的处理实证分析了干部教育培训绩效的影响因素。结果显示培训组织管理工作对干部教育培训绩效水平具有最强的影响。培训项目设计维度、培训机构宏观管理等维度次之。

最后,根据对干部教育培训绩效影响因素的分析,结合国内外干部教育培训绩效建设的实践经验,从培训机构宏观管理、培训组织管理、培训项目优化设计等三个角度提出了我国干部教育培训绩效的优化路径。

第二节 研究的主要创新点

本书主要的创新点在于研究内容、研究方法和研究成果上的创新。在研究内容上,根据对现有文献的阅读整理,笔者发现关于干部教育培训的文献众多,主要集中在中宏观层面的干部教育培训管理体制、微观层面的培训过程优化上,而专门针对干部教育培训绩效评估指标的设定及实证测评的文献比较少。现存的干部教育培训绩效评估指标的构建存在指标设计不科学的问题,主要体现在:一是指标选取的主观随意性,大多是干部教育培训机构教学管理人员根据自己的教学经验设置的,缺少系统的专家讨论、问卷调查、数据分析过程;二是指标设计体系不完善,大多只涉及柯氏评估模型中的反应层、学习层,缺少对行为层和结果层的评估;三是评价结果计算的简单性,指标体系缺少科学化的赋权过程,难以体现指标的层次性,评价结果通常采用算术求和与加权平均求和的简单方法,而较少采用主成分分析、层次分析和数据包络分析等计量分析方法,导致评价结果不科学,缺乏足够的信度和效度。在研究方法上,综合运用多种研究方法,如隶属度分析、相关分析、辨别力分析、信度和效度检验、描述性统计、方差分析以及 FAHP 等。相比较以前的单纯的经验研究,多种方法的运用提升了本研究的科学性。在研究成果上,课题组成功设计了一套科学的、可操作的干部教育培训绩效评估指标体系。通过文献阅读,将我国干部教育培训绩效的影响因素归纳为培训机构宏观管理、培训项目设计、培训组织管理以及个人特征等四大维度,并从培训机构宏观管理、培训组织管理、培训项目优化设计等三个角度提出了我国干部教育培训绩效的优化路径。

第三节　研究的不足与展望

一是在研究指标的设计上的不足。首先,由于考虑到数据搜集的方便性,干部教育培训绩效评估最后两个层次的指标(即行为层和结果层)都采用了预测式指标(将调查问卷的指导语中设置为"请您根据自己参加的浙江大学干部教育培训的实际感受和预测判断,对每个测评项目的认同程度做出自己的评估")。一般而言,行为层和结果层的测评都是在参训学员回到单位一段时间(3 至 6 个月)后由单位进行测评的。由于培训效果的滞后性,所以这样的设计笔者认为可能会造成测评结果的偏差。在以后的实践中,可以考虑在参训学员回到组织后,由组织部门进行后两个层次的评估。其次,该套指标体系并未考虑到不同层级、不同类别的参训学员在反应—学习—行为—结果四个层次的差异。一般而言,由于不同级别、不同部门的干部在工作需求、组织需求等方面的存在差异,导致了培训内容、方法等也有不同,对待培训效果的感受及后续的学习结果运用情况也千差万别。如果全部参训干部的学习绩效都采用同一评估体系,必然无法获得真实的培训数据。后续的研究可以将研究样本更加细化,针对某一层级或是类别的参训干部设置专门的指标体系。

在研究样本的选择上,只是选取了浙江大学教育培训学院若干干部教育培训班次为样本,得到有效问卷 212 份。鉴于培训对象的状态不同,问卷填写过程中不可避免地存在误差,导致结果的偏差。在以后的研究中,可以通过进一步扩大样本量,在全国范围内发放本研究的指标体系,最终可以对我国的干部教育培训绩效进行总体的了解。

在研究方法上,指标体系的权重采用了FAHP方法。但由于指标项较多,容易引起重要性排序过程中的误差,可能导致最终权重设计不科学。在以后的研究中,可以考虑用主成分分析、因子分析、回归分析等方式给指标赋权,最大限度地排除人的主观性影响。

参考文献

[1]毛泽东选集第二卷(第二版).北京:人民出版社,1991

[2]邓小平文选第三卷(第二版).北京:人民出版社,1991

[3]张开云等.地方政府公共服务供给能力——影响因素与实现路径.中国行政管理,2010(1):92-95

[4][美]西奥多·舒尔茨著.论人力资本投资.北京:商务印书馆,1990

[5]Bassi L J, Van Buren M E. The 1998 ASTD State of the Industry Report. Training and Development,1998,53(1):23-33

[6]陈昌文主编.公共部门人力资源开发与管理,成都:四川人民出版社,2000

[7]游清.公务员素质和水平有待提高.人民政协报,2008(2):A04版

[8]韩阳.关于企业培训效果评估的研究.哈尔滨工业大学学位论文,2005

[9]Kirkpatrick D L,Kirkpatrick J D 著,奚卫华,林祝君等译.如何做好培训评估——柯氏四级评估法.北京:机械工业出版社,2007

[10]朱仁宏.以柯氏培训评估模型为导向的培训评估体系研究.胜利油田职工大学学报,2006(20)

[11]李莉.Kirkpatrick 培训效果评估模型解析.中国电力教育,2005(4)

[12]安莉.浅议柯氏四级培训效果评估模型及运用.时代经贸,2010(11)

[13]网页资料:http://baike. baidu. comview4306030. htm

[14]边文娟.企业培训效果评估理论模型综述.商业文化,2011(3)

[15]夏艳玲.培训效果评估理论综述.科教文汇,2006(1)

[16]张文贤,李利.人力资本定价的研究前沿——企业培训投入产出计量模型.科研管理,2004(12)

[17]李勤.企业员工培训有效性研究——以某国有商业银行员工培训为

例.西南财政大学学位论文,2007

[18]蒋薇薇.发电企业员工培训效果评估模型及企业收益研究.华北电力大学学位论文,2007

[19]赵玮.CIPP 教育评价模式述评.开放潮,2006(09－10)

[20]肖远军.CIPP 教育评价模式探析.教育科学,2003(6)

[21]高志敏.人力资源开发的培训评估模型及其修正与完善.河南职业技术师范学院学报,2004(3)

[22]高振强.CIPP 教育评价模式述评.教学与管理,1998(1－2)

[23]Stufflebeam D L, Madaus G F, Kellagham T 著,苏锦丽等译.评估模型.北京:北京大学出版社,2007

[24]代蕊华.国内外主要教育评价模式述评.中国高等教育评估,1996(1)

[25]百度文库:http://wenku. baidu. comview812912fdc8d376eeaeaa3118. html

[26]朱丹.CIPP 评价模式在综合实践活动课程评价中的运用.教研园地,2010(1)

[27]李利.企业培训投入产出评估研究.复旦大学学位论文,2004

[28]百度文库:http://wenku. baidu. comview69db9334eefdc8d377ee3205. html

[29]Phillips J J, Stone R D 著.张少林,李元明,李洁译.如何评估培训效果——追踪六个关键因素的实用指南.北京:北京大学出版社,2007

[30]廖化化.财政系统公务员个人培训需求分析.湖南师范大学学位论文,2008

[31]湘潭市政府.湘潭简介. http://www. xiangtan. gov. cn/new/index. html,2011-10-25/2012-4-30

[32]湘潭市财政局.2007 年度县(市)区财政局骨干力量培训班简报. http://www. xtscz. gov. cn/Article/ShowInfo. asp? InfoID＝2328,2007-11-27/2012-4-30

[33]李元.市级财政系统公务员培训效果评估体系研究——以湘潭市为例.湘潭大学学位论文,2010

[34]李森,程好.基于绩效评估的党政领导干部培训效益评价研究.四川师范大学学报.2008(6):71－75

[35]吴建南.公共部门绩效评估:理论与实践.中国科学基金,2009(3):149－154

［36］高鸿业.西方经济学（微观部分）.北京：中国人民大学出版社，2007

［37］李森，程好.基于绩效评估的党政领导干部培训效益评价研究.四川师范大学学报.2008（6）：71－75

［38］杭州日报.领导干部"出国学习热"引发议论.http：//news.sina.com.cn

［39］斯蒂芬·P罗宾斯.管理学.北京：中国人民大学出版社，2008

［40］李森，程好.基于绩效评估的党政领导干部培训效益评价研究.四川师范大学学报.2008（6）：71－75

［41］张晓丽.顾客满意度测评方法及其应用.郑州大学学位论文，2004

［42］裴飞，汤万金，咸奎桐.顾客满意度研究与应用综述.世界标准信息，2006（9）

［43］苏州市政府.苏州概览.http：//www.suzhou.gov.cn

［44］卢韵场.我国公务员培训评估体系构建研究——以苏州市公务员为个案.苏州大学学位论文，2009

［45］陈琦.顾客满意度在干部教育培训绩效评估中的运用.云南行政学院学报，2010（6）：131－133

［46］范柏乃.政府绩效评估理论与实务.北京：人民出版社，2005

［47］陈振明.公共部门战略管理.北京：中国人民大学出版社，2004

［48］盛若慰.中国官员培训跃上新台阶三年培训5100万人次.http：//news.qq.com/a/20090221/012281.htm，2009-02-21/2012-04-30

［49］张国庆.公共行政学（第三版）.北京：北京大学出版社，2007

［50］新华网.深入学习科学发展观专题.http：//news.xinhuanet.com

［51］西安市政府网.西安概况.http：//www.xa.gov.cn/structure/

［52］张金高.公务员培训评估机制研究——以西安市为例.西北大学学位论文，2009

［53］白文杰.财政支出绩效评价内涵解析.地方财政研究，2011（1）：42－46＋59

［54］Campbell J P，McCloy R A，Oppler S H，et al. A theory of Performance. In：Schmitt N，Borman W C（e）ds. Personnel Selection in Organizations. San Francisco：Jossey-Bass，1993：35-70

［55］Borman W C，Motowidlo S J. Expanding the Criterion Domain to

Include Elements of Contextual Performance. In：Schmitt N，Borman W C（eds）. Personnel Selection in Organizations. San Francisco：Jossey-Bass，1993：71-98

[56]Armstrong M，Baronl A. Performance Management. London：The Cromwell Press，1998

[57]仲理峰,时勘.绩效管理的几个基本问题.南开管理评论,2002(3)

[58]刘旭涛.政府绩效管理：制度、战略与方法.北京：机械工业出版社,2003

[59]方振邦等.关键绩效指标与平衡计分卡的比较研究.中国行政管理,2005(5)：82－85

[60]范柏乃.政府绩效评估理论与实务.北京：人民出版社,2005

[61]阮连法.建筑企业管理学.杭州：浙江大学出版社,2008

[62]蔡小慎,刘雅静.基于模糊层次法的公务员培训效果评估.东南技术,2006(6)：53－58

[63]李怀祖.管理研究方法论.西安：西安交通大学出版社,2004

[64]张文彤.SPSS 统计分析高级教程.北京：高等教育出版社,2004

[65]李炳英.个体、集群、组织间知识转移影响因素的分析研究.情报科学,2007(10)

[66]王鹏.培训迁移效果影响因素的初步研究.心理科学,2002(25)：69－72

[67]程波.培训和规范干部教育培训市场的实践与思考.中国延安干部学院学报.2011,4(5)：108－113

[68]李艳娟.基于人岗匹配的企业培训评估效果影响因素研究.南京师范大学学位论文,2011

[69]Tharenou P，Saks A M，Moore C. A Review and Critique of Research on Training and Organizational-level Outcomes. Human Resource Management Review,2007,17(3)：251-273

[70]吴玉峰.国际视野中有效教学的影响因素和实施策略研究.东北师范大学学位论文,2010

[71]Kanfer R. Work Motivation：New Directions in Theory and Research. In：Cooper C L，Robertson I T（eds）. International

Review of Industrial and Organizational Psychology. Oxford：Oxford Press，1994

[72]袁淑玉,萧鸣政,韩溪.个体特征对公务员培训效果机制研究.北京师范大学学报(社会科学版),2009(6):62—63

[73]刘建荣.个人及组织因素对企业培训效果影响的理论与实践研究.华东师范大学学位论文,2005

[74]范柏乃,张鸣.政府信用与绩效.北京:知识产权出版社,2011

[75]郁菁.回归模型异方差性的检验与消除研究.长沙民政职业技术学院学报,2007(4):34—36

[76]周志忍.公务员培训的之外比较———一些宏观层面的思考.北京行政学院学报,2005(3):1—4

[77]李源潮在在全国机关党的建设工作会议上的讲话.重庆组工培训网http://cqzgpx.12371.gov.cn/a/201112/115.html

[78]程波.培育和规范干部教育培训市场的实践与思考.中国延安干部学院学报,2011(9):108—113

[79]王徐波.我国教育干部培训机构评估研究.华东师范大学学位论文,2008

[80]林永煌.干部教育培训质量监督体系研究.国家行政学院学报,2009(10):27—31

[81]中共中央组织部干部教育局编.干部教育培训运行机制改革问题研究.北京:人民出版社,2011

[82]中国浦东干部学院课题组.中外领导人员培训制度比较研究.中国浦东干部学院学报,2008(4)

[83]霍连东.天津培训市场现状分析与发展趋势研究.天津大学学位论文,2008

[84]董明发.干部教育培训质量保障研究.中共中央党校学位论文,2011

[85]马秋霞.我国公务员培训存在的问题与对策探析.法制与社会,2009(5):195—196

[86]王圣才,余重清,余泽兵.基层公务员培训需求调查.中国培训,2007(12):51—52

[87]吴文姝.市(地)级培训机构建设的思考.中国成人教育,2003(9)

[88]张湾区组织部.新形势下干部教育培训激励约束机制的问题、原因及对策.武当党建 http://www. wddj. nethtmlgbjy/gbgzdt/200623/954.html

[89]王徐波.我国教育干部培训机构评估研究.华东师范大学学位论文,2008

[90]夏泽民,宋军,石建莹.公务员培训与案例式培训的选择.陕西行政学院院报,2008,22(2):23—25

[91]宋新艳.激发式培训模式的理论与实践.现代企业教育,2004(10):13—14

附　录

附录1　干部教育培训绩效测评研究

尊敬的女士/先生：

您好！我们正在开展干部教育培训绩效测评研究，旨在全面正确地了解和把握我国干部教育培训取得的主要成就、发展动态及存在问题，为推进我国干部教育培训事业的科学发展提供理论与实际依据。

该测评研究采用匿名的方式，所获得的数据仅供研究之用，不会对您产生任何不利的影响，如果您有其他未尽问题，请通过电子邮件与我们联系，我们会尽快给您答复！邮件地址：nyxfwin@yahoo.com.cn

非常感谢您在百忙之中填写本测量问卷！

浙大继续教育学院干部教育培训绩效测评研究课题组

一、背景资料

1. 性别：A. 男　B. 女
2. 单位：A. 党政机关　B. 事业单位　C. 企业　D. 其他
3. 职务：A. 干事　B. 副科　C. 正科　D. 副处　E. 正处
　　　　F. 副厅以上
4. 年龄：A. 25 岁及以下　B. 26～35 岁　C. 36～45 岁
　　　　D. 46～55 岁　E. 56～65 岁　F. 66 岁及以上
5. 学历：A. 专科以下　B. 专科　C. 本科　D. 研究生
　　　　E. 研究生以上

6.教育培训机会：A.很少　　B.较少　　C.中等　　D.较多　　E.很多

7.教育培训重要性：A.极不重要　　B.较不重要　　C.一般
　　　　　　　　　　D.较重要　　E.很重要

8.您参加浙江大学继续教育培训

从_____年____月___日至___月_____日,共_____天

9.培训组织单位_____

10.培训地点_____

11.培训主题_____

12.您印象最深刻的授课教师_____

13.您印象最深刻的培训课程_____

14.您印象最深刻的观点_____

二、干部教育培训绩效测评问卷

下列表格采用"七点量表"的方式,从"反应、学习、行为、结果"四个维度,列出了干部教育培训绩效的 100 个测评项目,7、6、5、4、3、2、1 分别表示"非常符合"、"符合"、"比较符合"、"中等程度"、"较不符合"、"不符合"、"极不符合"。

第一,请您根据自己参加的浙江大学干部教育培训的实际感受及自己的预测判断,对每一个测评项目的认同程度作出自己评估,并在相应的数字上划"〇"。如果您认为第 1 个测评项目"教育目标科学合理"是"非常符合"实际的,在"7"上划"〇";是"比较符合"实际的,在"5"上划"〇"。

第二,请您从 100 个测评项目中,选择出 50 个最好的干部教育培训绩效测评项目,并在所选择的项目序号上打"√"。要求从"反应层"的 41 个测评项目中选择出 20 个;从"学习层"的 17 个测评项目中选择出 9 个;从"行为层"的 14 个测评项目中选择出 7 个;从"结果层"的 28 个测评项目中选择出 14 个。

干部教育培训绩效的测评量表

说明:请您根据自己参加的浙江大学干部教育培训的实际感受和预测判断,对每个测评项目的认同程度作出自己的评估,并在相应的数字上划"○"。			极不符合	不符合	较不符合	中等程度	比较符合	符合	非常符合
反应层	教学目标	教学目标科学合理	1	2	3	4	5	6	7
		教学目标明确具体	1	2	3	4	5	6	7
		教学目标切合实际	1	2	3	4	5	6	7
	教学材料	教学材料内容丰富	1	2	3	4	5	6	7
		教学材料美观简洁	1	2	3	4	5	6	7
		教学材料发放及时	1	2	3	4	5	6	7
		教学材料值得保存	1	2	3	4	5	6	7
	教学内容	教学内容具有系统性	1	2	3	4	5	6	7
		教学内容具有前瞻性	1	2	3	4	5	6	7
		教学内容具有新颖性	1	2	3	4	5	6	7
		教学内容具有针对性	1	2	3	4	5	6	7
		教学内容具有实用性	1	2	3	4	5	6	7
	教学方法	注重启发式教学	1	2	3	4	5	6	7
		注重案例式教学	1	2	3	4	5	6	7
		注重数据的运用	1	2	3	4	5	6	7
		注重师生的互动	1	2	3	4	5	6	7
	教学态度	教学态度认真负责	1	2	3	4	5	6	7
		教学态度科学严谨	1	2	3	4	5	6	7
		教学态度积极进取	1	2	3	4	5	6	7
	教学能力	教学设计科学	1	2	3	4	5	6	7
		教学思路清晰	1	2	3	4	5	6	7
		教学重点突出	1	2	3	4	5	6	7
		教学语言幽默	1	2	3	4	5	6	7
		教学逻辑严谨	1	2	3	4	5	6	7
		教学情感丰富	1	2	3	4	5	6	7

续表

说明:请您根据自己参加的浙江大学干部教育培训的实际感受和预测判断,对每个测评项目的认同程度作出自己的评估,并在相应的数字上划"○"。			极不符合	不符合	较不符合	中等程度	比较符合	符合	非常符合
反应层	教学效果	能激发学员积极思考	1	2	3	4	5	6	7
		能激发学员创新思维	1	2	3	4	5	6	7
		能激发学员学习兴趣	1	2	3	4	5	6	7
		能激发学员情感共鸣	1	2	3	4	5	6	7
		能激发课堂活跃气氛	1	2	3	4	5	6	7
	教学设施	教学环境幽雅	1	2	3	4	5	6	7
		教学设施完备	1	2	3	4	5	6	7
		教学设施先进	1	2	3	4	5	6	7
	教学实践	教学实践具有较强的针对性	1	2	3	4	5	6	7
		教学实践具有较强的启发性	1	2	3	4	5	6	7
		教学实践具有较强的实用性	1	2	3	4	5	6	7
		教学实践具有较强的新颖性	1	2	3	4	5	6	7
		教学实践能满足学员的需求	1	2	3	4	5	6	7
	教学管理	教学管理严格规范	1	2	3	4	5	6	7
		教学服务周到细致	1	2	3	4	5	6	7
		教学后期保障充分	1	2	3	4	5	6	7
学习层	理论知识	通过培训知识面进一步拓宽	1	2	3	4	5	6	7
		通过培训知识结构更加完善	1	2	3	4	5	6	7
		通过培训知识得到及时更新	1	2	3	4	5	6	7
		通过培训理论水平有了提高	1	2	3	4	5	6	7
	思想观念	通过培训思想观念更加解放	1	2	3	4	5	6	7
		通过培训思想观念得到更新	1	2	3	4	5	6	7
		通过培训思想观念更加务实	1	2	3	4	5	6	7
	思维特征	通过培训思维更富有系统性	1	2	3	4	5	6	7
		通过培训思维更富有严密性	1	2	3	4	5	6	7
		通过培训思维更富有科学性	1	2	3	4	5	6	7
		通过培训思维更富有创新性	1	2	3	4	5	6	7

续表

		说明:请您根据自己参加的浙江大学干部教育培训的实际感受和预测判断,对每个测评项目的认同程度作出自己的评估,并在相应的数字上划"○"。	极不符合	不符合	较不符合	中等程度	比较符合	符合	非常符合
学习层	意识水平	通过培训强化了服务意识	1	2	3	4	5	6	7
		通过培训强化了法律意识	1	2	3	4	5	6	7
		通过培训强化了廉政意识	1	2	3	4	5	6	7
		通过培训强化了成本意识	1	2	3	4	5	6	7
		通过培训强化了效率意识	1	2	3	4	5	6	7
		通过培训强化了创新意识	1	2	3	4	5	6	7
行为层	工作态度	培训后更富有工作责任感	1	2	3	4	5	6	7
		培训后更富有工作积极性	1	2	3	4	5	6	7
		培训后更富有工作进取心	1	2	3	4	5	6	7
		培训后更富有工作纪律性	1	2	3	4	5	6	7
		培训后更富有创新精神	1	2	3	4	5	6	7
		培训后更富有敬业精神	1	2	3	4	5	6	7
	工作能力	培训后增强了发现问题能力	1	2	3	4	5	6	7
		培训后增强了分析问题能力	1	2	3	4	5	6	7
		培训后增强了解决问题能力	1	2	3	4	5	6	7
		培训后增强了沟通协调能力	1	2	3	4	5	6	7
		培训后增强了组织管理能力	1	2	3	4	5	6	7
		培训后增强了科学决策能力	1	2	3	4	5	6	7
		培训后增强了行政执行能力	1	2	3	4	5	6	7
		培训后增强了公共服务能力	1	2	3	4	5	6	7
结果层	工作业绩	培训后提升了工作效率	1	2	3	4	5	6	7
		培训后提升了工作质量	1	2	3	4	5	6	7
		培训后提升了工作职位	1	2	3	4	5	6	7
		培训后提升了工作奖励	1	2	3	4	5	6	7
		培训后提升了工作薪酬	1	2	3	4	5	6	7

续表

说明:请您根据自己参加的浙江大学干部教育培训的实际感受和预测判断,对每个测评项目的认同程度作出自己的评估,并在相应的数字上划"〇"。			极不符合	不符合	较不符合	中等程度	比较符合	符合	非常符合
结果层	组织能力	培训后政府创新能力得到提升	1	2	3	4	5	6	7
		培训后政府协调能力得到提升	1	2	3	4	5	6	7
		培训后政府决策能力得到提升	1	2	3	4	5	6	7
		培训后政府适应能力得到提升	1	2	3	4	5	6	7
		培训后政府统筹能力得到提升	1	2	3	4	5	6	7
	政府形象	培训后政府廉洁形象得到提升	1	2	3	4	5	6	7
		培训后政府公正形象得到提升	1	2	3	4	5	6	7
		培训后政府法治形象得到提升	1	2	3	4	5	6	7
		培训后政府民主形象得到提升	1	2	3	4	5	6	7
		培训后政府创新形象得到提升	1	2	3	4	5	6	7
		培训后政府改革形象得到提升	1	2	3	4	5	6	7
		培训后政府服务形象得到提升	1	2	3	4	5	6	7
	政府服务	培训后政府服务能力得到提升	1	2	3	4	5	6	7
		培训后政府服务水平得到提升	1	2	3	4	5	6	7
		培训后政府服务质量得到提升	1	2	3	4	5	6	7
		培训后政府服务效率得到提升	1	2	3	4	5	6	7
		培训后公众的满意度得到提升	1	2	3	4	5	6	7
	政府绩效	培训后政府政治绩效得到提升	1	2	3	4	5	6	7
		培训后政府经济绩效得到提升	1	2	3	4	5	6	7
		培训后政府文化绩效得到提升	1	2	3	4	5	6	7
		培训后政府教育绩效得到提升	1	2	3	4	5	6	7
		培训后政府科技绩效得到提升	1	2	3	4	5	6·	7
		培训后政府社会绩效得到提升	1	2	3	4	5	6	7

附录 2　干部教育培训绩效评估最终指标体系

目标层	二级指标	三级指标	极不符合	不符合	较不符合	中等符合	比较符合	符合	非常符合
反应层	教学目标	教学目标科学合理	1	2	3	4	5	6	7
		教学目标切合实际	1	2	3	4	5	6	7
	教学材料	教学材料内容丰富	1	2	3	4	5	6	7
		教学材料值得保存	1	2	3	4	5	6	7
	教学内容	教学内容具有前瞻性	1	2	3	4	5	6	7
		教学内容具有针对性	1	2	3	4	5	6	7
		教学内容具有实用性	1	2	3	4	5	6	7
	教学方法	注重多样化教学	1	2	3	4	5	6	7
		注重师生的互动	1	2	3	4	5	6	7
	教学态度	教学态度科学严谨	1	2	3	4	5	6	7
	教学能力	教学逻辑严密	1	2	3	4	5	6	7
		教学情感丰富	1	2	3	4	5	6	7
	教学效果	能激发学员积极思考	1	2	3	4	5	6	7
		能激发学员创新思维	1	2	3	4	5	6	7
		能激发课堂活跃气氛	1	2	3	4	5	6	7
	教学设施	教学设施先进	1	2	3	4	5	6	7
	教学实践	教学实践具有较强的针对性	1	2	3	4	5	6	7
		教学实践具有较强的新颖性	1	2	3	4	5	6	7
		教学实践能满足学员的需求	1	2	3	4	5	6	7
	教务管理	教学服务周到细致	1	2	3	4	5	6	7

续表

目标层	二级指标	三级指标	极不符合	不符合	较不符合	中等符合	比较符合	符合	非常符合
学习层	理论知识	通过培训知识得到及时更新	1	2	3	4	5	6	7
		通过培训知识结构更加完善	1	2	3	4	5	6	7
	思想观念	通过培训思想观念更加解放	1	2	3	4	5	6	7
		通过培训思想观念更加务实	1	2	3	4	5	6	7
	思维特征	通过培训思维更富有科学性	1	2	3	4	5	6	7
		通过培训思维更富有创新性	1	2	3	4	5	6	7
	意识水平	通过培训强化了服务意识	1	2	3	4	5	6	7
		通过培训强化了法律意识	1	2	3	4	5	6	7
		通过培训强化了创新意识	1	2	3	4	5	6	7
行为层	工作态度	培训后更富有工作责任感	1	2	3	4	5	6	7
		培训后更富有工作进取心	1	2	3	4	5	6	7
		培训后更富有创新精神	1	2	3	4	5	6	7
	工作能力	培训后增强了分析问题能力	1	2	3	4	5	6	7
		培训后增强了组织管理能力	1	2	3	4	5	6	7
		培训后增强了科学决策能力	1	2	3	4	5	6	7
		培训后增强了沟通协调能力	1	2	3	4	5	6	7
结果层	工作业绩	培训后提升了工作效率	1	2	3	4	5	6	7
		培训后提升了工作质量	1	2	3	4	5	6	7
	组织能力	培训后政府创新能力得到提升	1	2	3	4	5	6	7
		培训后政府决策能力得到提升	1	2	3	4	5	6	7
		培训后政府统筹能力得到提升	1	2	3	4	5	6	7
	政府形象	培训后政府公正形象得到提升	1	2	3	4	5	6	7
		培训后政府法治形象得到提升	1	2	3	4	5	6	7
		培训后政府创新形象得到提升	1	2	3	4	5	6	7
		培训后政府服务形象得到提升	1	2	3	4	5	6	7

续表

目标层	二级指标	三级指标	极不符合	不符合	较不符合	中等符合	比较符合	符合	非常符合
结果层	政府服务	培训后政府服务能力得到提升	1	2	3	4	5	6	7
		培训后政府服务质量得到提升	1	2	3	4	5	6	7
		培训后政府服务效率得到提升	1	2	3	4	5	6	7
		培训后公众的满意度得到提升	1	2	3	4	5	6	7
	政府绩效	培训后政府政治绩效得到提升	1	2	3	4	5	6	7
		培训后政府经济绩效得到提升	1	2	3	4	5	6	7
		培训后政府社会绩效得到提升	1	2	3	4	5	6	7

附录3　高校管理干部培训绩效评价体系指标权重确定调查问卷表

尊敬的先生/女士：

您好！浙江大学继续教育学院与浙江大学公共管理学院联合开展"干部教育培训绩效评估的研究"，研究内容之一是建立一个合理、科学、准确的绩效评价指标体系，以衡量教育培训的优势与不足，为干部教育培训后续的工作提供指引。此问卷用于确定该评价体系中的各项指标的指标权重。此轮问卷调查的对象是从事教育培训的专业人士。感谢您在百忙中填写问卷，协助我们完成调研工作。我们保证您的回答只作本次研究之用。衷心感谢您的合作！

说明：下面是我们设计的指标评价体系，其中准则层一是大类指标，准则层二是对大类指标的细化。打分表是在该文件附件中的 excel 工作表"指标权重确定调查问卷"。在该表中我们采取 1～9 标度法。i 表示行，j 表示列。其中具体分数涵义如表1所示。

表1   1~9 标度的含义

标度 a_{ij}	含　义
1	i 因素与 j 因素同等重要
3	i 因素比 j 因素略重要
5	i 因素比 j 因素重要
7	i 因素比 j 因素重要得多
9	i 因素比 j 因素略绝对重要
2,4,6,8	介于以上两种判断之间的状态的标度
倒数	若 j 因素与 i 因素相比较,得到的结果为 $1/a_{ij}$

在 excel 表中,您只需要在打分表的下三角区域,即灰色区域对指标进行两两比较打分即可,与之相对应的上三角区域会自动生成您打分的分数值的倒数,即白色区域不需要打分。

准则层 1 打分表

	反应层	学习层	行为层	结果层
反应层	1			
学习层		1		
行为层			1	
结果层				1

在打分表中,我们比较第一列方框内的指标相对于第一行方框内的指标(i 代表第一列方框内的指标,j 代表第一行方框内的指标)的重要程度。比如说我们比较学习层和反应层的重要性,就看学习层相对于反应层的重要程度,如果认为学习层比反应层重要,则根据重要程度从 1、3、5、7、9 中选择相应的数字表示,如果认为反应层比学习层重要,则根据重要的程度取 1、3、5、7、9 的倒数。

下页附《指标体系》。

如果任何疑问,请与课题组联系,联系人邮箱:nyxfwin@yahoo. com. cn

再次感谢您对我们工作的支持!

浙江大学公共管理学院
2012 年 3 月 15 日

指标体系

准则层1	准则层2	准则层3
反应层	教学目标	1.教学目标科学合理
		2.教学目标切合实际
	教学材料	3.教学材料内容丰富
		4.教学材料值得保存
	教学内容	5.教学内容具有前瞻性
		6.教学内容具有针对性
		7.教学内容具有实用性
	教学方法	8.注重多样化教学
		9.注重师生的互动
	教学态度	10.教学态度科学严谨
	教学能力	11.教学逻辑严密
		12.教学情感丰富
	教学效果	13.能激发学员积极思考
		14.能激发学员创新思维
		15.能激发课堂活跃气氛
	教学设施	16.教学设施先进
	教学实践	17.教学实践具有较强的针对性
		18.教学实践具有较强的新颖性
		19.教学实践能满足学员的需求
	教务管理	20.教学服务周到细致
学习层	理论知识	1.通过培训知识得到及时更新
		2.通过培训知识结构更加完善
	思想观念	3.通过培训思想观念更加解放
		4.通过培训思想观念更加务实
	思维特征	5.通过培训思维更富有科学性
		6.通过培训思维更富有创新性

续表

准则层 1	准则层 2	准则层 3
学习层	意识水平	7.通过培训强化了服务意识
		8.通过培训强化了法律意识
		9.通过培训强化了创新意识
行为层	工作态度	1.培训后更富有工作责任感
		2.培训后更富有工作进取心
		3.培训后更富有创新精神
	工作能力	4.培训后增强了分析问题能力
		5.培训后增强了组织管理能力
		6.培训后增强了科学决策能力
		7.培训后增强了沟通协调能力
结果层	工作业绩	1.培训后提升了工作效率
		2.培训后提升了工作质量
	组织能力	3.培训后政府创新能力得到提升
		4.培训后政府决策能力得到提升
		5.培训后政府统筹能力得到提升
	政府形象	6.培训后政府公正形象得到提升
		7.培训后政府法治形象得到提升
		8.培训后政府创新形象得到提升
		9.培训后政府服务形象得到提升
	政府服务	10.培训后政府服务能力得到提升
		11.培训后政府服务质量得到提升
		12.培训后政府服务效率得到提升
		13.培训后公众的满意度得到提升
	政府绩效	14.培训后政府政治绩效得到提升
		15.培训后政府经济绩效得到提升
		16.培训后政府社会绩效得到提升